L'ŒUVRE DE RAISON

CHEZ

MARC-AURÈLE ET SAINT-AUGUSTIN

AMILDA A. PONS

TORRE PELLICE - 1908
IMPRIMERIE ALPINE

..... Antonin le Pieux étant mort après avoir régné vingt-deux ans, Marc-Aurèle Verus lui succéda avec Lucius son frère. Ce fut sous leur règne que la violence de la persécution ayant ébranlé toute l'Asie, Polycarpe termina glorieusement sa vie par le martyre » (1). L'avènement de l'empereur philosophe avec lequel le monde antique eut sa fin, tient dans cette phrase d'Eusèbe. Il est vrai que la grande affaire du chroniqueur chrétien était d'inventorier les martyrs et d'anathémiser les hérétiques, et que, dans pareil cadre, Commode dépare moins que Marc-Aurèle. Quoi qu'en pense là dessus Eusèbe, l'aube du 7 Mars 161, se levant sur le vaste Empire du monde, l'a enveloppé d'un éclat de vie dont Marc-Aurèle est l'essence même; tellement que, lorsque vingt ans plus tard, sous sa tente à Vienne, il eut couvert sa tête pour mourir, la loi, la justice, l'amour de la sagesse, qui avaient formé la gloire de Rome et la joie du philosophe, moururent avec lui. La grandeur de Rome se résume dans son règne: avant lui, la force avait tenu lieu de justice; après lui, les passions envahissantes débordèrent et aboutirent à la décrépitude du monde. *Senuisse jam mundum.* Je donne au mot grandeur

---

(1) EUSÈBE. *Histoire de l'Eglise.* Liv. IV, Chap. XV.

son acception usuelle, car sous le sceptre de Marc-Aurèle, l'empire agrandit son étendue, consolida ses bornes, assujettit les peuples barbares qui menaçaient le Danube : sous Marc-Aurèle, le théâtre et le cirque fournirent les cent trente-cinq jours de spectacles auxquels le peuple avait droit, et les réjouissances s'alternèrent aux distributions de blé et d'argent. Mais la véritable grandeur a d'autres racines qui plongent dans l'âme éprise de vérité, visant à la justice par l'amour et à la perfection par le renoncement. Marc-Aurèle est cette âme.

S'il eut pu la communiquer à son peuple, l'histoire aurait documenté l'existence d'un âge d'or : mais la perfection intime est un labeur solitaire que l'on ne partage pas.

Qu'il nous suffise de savoir comment il usait de son âme envers les dieux, envers ses ennemis, envers ses proches ; à quelle profondeur cette âme est descendue ; quels sommets elle a atteint. On se sent meilleur pour l'avoir contemplée !

D'un naturel grave et tranquille, Marc-Aurèle aurait souhaité de vivre dans la solitude pour s'y livrer à la méditation ; aussi apprit-il avec tremblement et effroi qu'on le faisait entrer dans la maison impériale. L'habitude acquise dès l'adolescence de la retraite, de l'étude, et de la discipline, lui avait enseigné quels maux accompagnent le droit de commander. Toutefois, appelé à la succession de l'Empire, il n'hésite pas à en accepter la responsabilité, et il donne l'exemple le plus remarquable de fermeté souveraine. Il aimait par dessus toute chose les anciens : leurs livres formaient ses délices ; il en avait même un recueil fort riche dont il comptait user dans sa vieillesse (1). Mais, comme la destinée en dispose autrement, il quitte les philosophes ses amis, et se livre jour pour jour à vider des

---

(1) TILLEMONT. *Histoire des Empereurs*, vol. IV.

procès, donnant à chaque affaire autant de temps et d'application que s'il n'en eut eu aucune autre.

Sa santé, ébranlée à la suite de la vie dure qu'il menait et de son ardeur au travail, aurait réclamé des ménagements qu'il ne put s'accorder, puisqu'il vécut neuf ans de son règne à la tête de ses légions campées sur le Gran, aux rives du Danube, à Carnunte, à Sirmich.

Ami de la paix, son devoir d'empereur l'obligea à lutter contre les peuples germains et slaves: Quades, Sarmates, Suèves, Marcomans, Hermundures, Vandales, Jazyges, etc., qui tous à la fois dévalèrent jusqu'aux Alpes Juliennes, et mirent le siège devant Aquilée. Depuis le temps des guerres puniques, Rome n'avait pas eu à soutenir une attaque aussi violente (1). Marc-Aurèle fut admirable devant cette ligue effrayante de la barbarie. Pourtant, que pensait-il de la guerre ?

« Une araignée est fière d'avoir pris une mouche ; un « homme, un levraut ; un autre, des sardines au filet ; un autre, « un sanglier ; un autre, des ours ; un autre, des Sarmates. « Ne sont-ils pas des brigands, à bien examiner les prin- « cipes ? » (2).

Le soir d'une retentissante victoire, l'empereur se demande si la guerre n'est pas un brigandage : il devance de deux siècles Saint Augustin, pour lequel la fameuse conquête du monde est un « grande latrocinium » (3).

Marc-Aurèle vécut avec une simplicité extrême. Au point du jour il prenait quelque nourriture, et ne mangeait plus rien durant le reste de la journée : il avait des heures marquées pour prendre le bain et pour faire de l'exercice. Souffrant de

---

(1) *Dion Cassius*, LXXI. *Eutrope* V, VIII.
(2) *Pensées*. Liv. X, 10.
(3) *De la Cité de Dieu.*

l'estomac et de la poitrine il ne s'en plaignit jamais ; et jamais il ne refusa l'accès au plus humble de ses sujets. « Il ne fallait point d'introducteur pour l'approcher ; c'était assez d'avoir besoin de lui » (1). Marc-Aurèle eut le sentiment profond qu'il était au service de l'Etat ; qu'en faisant œuvre de raison, c'est-à-dire, de justice et de bonté, il remplissait sa destinée, il jouait le rôle qu'il avait plu aux dieux de lui donner.

Il aime à en attribuer le mérite à ses chers maîtres ; à son cousin Severus, grâce auquel il « conçut l'idée d'un Etat « où les lois égales pour tous assurent l'égalité des citoyens « et l'égalité de leurs droits, et l'idée d'une royauté qui respecte « avant tout la liberté de ses sujets » ; à son père adoptif, Antonin, « qui, ayant anéanti tout orgueil en lui, lui apprit « à administrer soigneusement les ressources nécessaires à « l'Etat, à avoir de la mesure dans les dépenses des fêtes « publiques, à s'effacer sans jalousie devant les hommes dis- « tingués » (2). Nous ne voulons pas diminuer la portée de l'influence que dut exercer sur le jeune prince cet entourage d'élite, ni méconnaître la grandeur de l'exemple constant de magnanimité et de droiture que l'empereur Antonin lui donna ; nous admettons qu'elles concoururent à développer chez Marc-Aurèle les dons de son esprit et les qualités de son caractère. Mais les effets en auraient été nuls si l'âme de Marc-Aurèle n'eût été portée, par sa propre force, au dessus des choses éphémères quant au temps, périssables quant à la matière.

L'œuvre de raison qu'il accomplit chaque jour, où que ce soit, et que rien n'entrave : ni la trahison d'un ami, ni l'émeute des soldats, ni les flatteries de la foule, ni la dé-

---

(1) TILLEMONT. *Hist. des Emp.*, vol. IV.
(2) *Pensées*. Livre I, 1.

bauche d'un frère, ni la frivolité de sa femme, ni les monstrueux dérèglements d'un fils, cette œuvre d'homme, dis-je, commence et se parachève dans la citadelle de son esprit libre de passions. Il doit à lui seul de posséder son âme ; de la rendre pure, une, nue. Il y puise deux énergies: une inébranlable fermeté, une inébranlable douceur.

Dans sa qualité d'Auguste, Marc-Aurèle a été d'une inébranlable fermeté; ce qui donne un démenti suprême à ceux qui prédirent qu'un empereur philosophe, succédant à un empereur pieux, n'aurait manqué de laisser aller l'empire à sa perte, la discipline et la loi à la dérive.

Rome atteignit le faîte de la puissance, grâce à la fermeté de Marc-Aurèle envers les légionnaires. En partageant la vie rude du soldat, il le conserva sobre, vigoureux ; en se refusant de céder aux menaces, il n'eut point à lutter contre l'insolence militaire qui déborda sous ses successeurs ; par les honneurs refusés au parasite et à l'ambitieux, et rendus aux chefs dont la bravoure était incontestable, il réussit à raffermir l'organisme de l'armée et à se la rallier. Comme s'il prévoyait son relâchement, il ne cesse de répéter : « On ne « peut bien gouverner les soldats que par l'ancienne discipline, « et il faut rétablir les premières mœurs des Romains pour « en faire subsister l'Empire ».

Après un combat fort rude et une belle victoire, ses soldats voulaient qu'il leur fît quelque largesse. Il leur refuse. « Vous ne pouvez rien me demander d'extraordinaire que je « ne le doive tirer du sang de vos pères et de vos proches. « D'ailleurs, je ne crains pas vos mutineries, parce que c'est « Dieu seul qui est le maître des Empires ».

C'était un strict devoir de l'empereur que d'assister aux jeux du cirque et au théâtre, avec les collèges sacerdotaux et les sénateurs : Marc-Aurèle le remplit quoique toujours distrait, ou occupé souvent à signer des expéditions. Jamais il n'aurait rêvé de rompre avec la tradition, car la tradition est pour le Romain un dogme, la raison d'être de l'Etat, l'essence du culte national. Trahir le passé signifiait être un déserteur impie et blasphémer les dieux. Marc-Aurèle occupe sa place au cirque parce que le peuple a le droit de l'y voir paraître, mais il domine cette souillure.

« Drames du théâtre, combats de gladiateurs ;... os jetés
« aux chiens, miettes de pain lancées au vivier des poissons,
« fatigues de fourmis traînant leur fardeau, déroute de souris
« effarées, marionnettes mues par les fils... il faut y assister
« sans mépris insolent, mais conclure que chacun a le même
« mérite que les objets de son zèle... Ceux qui aiment trop
« la vie, ressemblent à ces bestiaires à demi dévorés, qui,
« pleins de blessures et de sang, demandent pourtant à être
« conservés pour le lendemain, afin d'être exposés, dans le
« même état, aux mêmes griffes et aux mêmes dents » (1).

Marc-Aurèle résiste aux caprices du peuple, en plein cirque où ses devanciers, pour gagner la popularité, avaient pris l'habitude de laisser faire. Un jour, la foule lui demande l'affranchissement d'un esclave qui avait admirablement dressé un lion à dévorer des hommes. L'empereur refuse. « Cet homme, dit-il, n'a rien fait de digne de la liberté » (2).

Quelques années plus tard, le peuple se révolte contre Marc-Aurèle qui enrôle dans l'armée les esclaves, les gladiateurs, les mimes, et les pousse aux frontières de l'empire. Marc Aurèle, sans le moindre fracas tragique, met en vente le trésor de la couronne, le mobilier, les tapisseries du Palais ; il fait couler les objets précieux de son garde-meuble, et

---

(1) *Pensées*. Liv. VII, 10.
(2) Dion. LXXI.

apprend de cette façon au peuple de Rome que, s'il lui enlève ses spectacles, il renonce à tout son bien pour le salut de la patrie.

Une effroyable peste s'étant jointe aux périls de la guerre, Marc-Aurèle préside en qualité de Grand Pontife aux sacrifices : ce qui est une autre preuve de sa fermeté à la tradition. Esprit positif, rompu aux subtilités de la philosophie, il devait assigner aux sacrifices, aux sortilèges des devins, une signification superstitieuse autre que celle de son peuple : néanmoins, il entre dans le temple de Mars, il y prend un javelot qu'il plonge dans le sang de la victime, il le lance vers le point du ciel où était l'ennemi (1); car comme homme il appartient au monde, comme Marc-Aurèle il appartient à Rome.

Mais s'il fut ferme, il fut doux, et sa douceur inébranlable ne se démentit jamais. Ayant voulu s'associer à l'empire Lucius Verus, comme lui fils adoptif d'Antonin, il endure pendant neuf ans le spectacle de sa vie licencieuse et violente. Il le défend, il ne permet pas qu'on l'attaque : voulant à la fois le soustraire à la débauche et assouvir son ambition, il lui donne le commandement de l'armée, en Orient. Il se borne à lui donner l'exemple d'une vie austère : rien n'y fait. Lucius Verus ne songe qu'à manger, à boire et à jouir jusqu'au moment où il tombe foudroyé par l'apoplexie. Marc-Aurèle ne le juge pas : les « Pensées » ne contiennent que des maximes d'une bienveillance chrétienne.

« Les êtres raisonnables sont nés les uns pour les autres :
« Se supporter est une partie de la justice, car les fautes sont
« involontaires... Il y a une sorte de parenté merveilleuse entre
« les choses qui nous pousse à les aimer... La meilleure ma-

---

(1) Dion. LXXI, 33.

« nière de se venger des méchants, c'est de ne pas leur res-
« sembler... Celui qui honore l'âme douée de la raison univer-
« selle, la conserve dans son activité et aide son semblable à
« faire de même. Instruis les hommes, convaincs-les, sans t'in-
« digner. Accommode-toi aux hommes avec qui tu dois vivre ;
« aime-les, mais d'un amour véritable » (1).

Marc-Aurèle va plus loin encore : il ne s'indigne pas contre le mal, parce que le mal est nécessaire au bien comme la mort est nécessaire à la vie.

« Qu'il est ridicule et novice celui qui s'étonne de quoi que
« ce soit dans la vie !... Ce concombre est amer ? Jette-le. Il
« y a des ronces dans le chemin ? Evite-les. Cela suffit. N'ajoute
« pas : « Pourquoi cela arrive-t-il dans le monde ? », car tu
« prêterais à rire à l'homme qui connaît la nature, comme tu
« ferais rire le menuisier ou le cordonnier à qui tu reprocherais
« les copeaux et les rognures qu'on voit dans leurs bou-
« tiques » (2).

Tiridate, seigneur d'Arménie, soulève une partie de la population. On lui reproche sa trahison : en guise de réponse il ose tirer l'épée contre Martius, général romain. Marc-Aurèle ne veut pas le faire mourir ; et il aurait usé de la même douceur envers Cassius, si un soldat n'eût vengé l'honneur de l'armée en assassinant le chef déserteur. Lorsqu'on lui apporte sa tête, il refuse de la voir et donne l'ordre de l'enterrer. La femme et les enfants de Cassius ont la liberté et leurs biens. Au lieu de juger les sénateurs et les citoyens qui s'étaient compromis dans la révolte de Cassius, il les renvoie au Sénat, avec prière d'user plutôt d'indulgence que de rigueur, d'accorder à son règne la gloire que dans le malheur d'une

---

(1) *Pensées*. Liv. V, 6.
(2) *Pensées*. Liv. VIII, 50.

rebellion, personne n'avait perdu la vie. Marc-Aurèle est par trop philosophe pour se faire illusion sur les effets de sa douceur. Il sait que lorsque un empereur ne serait que juste, il passe au moins pour trop sévère : il apprécie le mot d'Epictète : « C'est chose royale que de faire le bien et d'être blâmé » (1). Mais qu'importe ? Qu'importe si jusqu'à la dernière ingratitude ne lui sera point épargnée ?

« Je m'en vais d'une vie où mes associés eux-mêmes, « pour qui j'ai tant lutté, tant fait de vœux, tant pris de soucis, « où ceux-là mêmes veulent que je parte, espérant qu'il leur « en reviendra peut-être, quelque soulagement » (2).

Il lui suffit d'achever son œuvre de raison dans une vie éphémère.

Est-ce à dire que cette bienveillance innée, que l'étude de la philosophie avait rendue coutumière, fournissait à Marc-Aurèle une espèce d'insensibilité grâce à laquelle, ni les chagrins, ni la souffrance n'avaient de prise sur lui ? Est-ce que l'altière devise du stoïcisme, « *abstine et sustine* », en montant sur le trône avec Marc-Aurèle, aurait gardé toute sa froideur orgueilleuse ? Il gagne à la comparaison avec les auteurs stoïciens : moins impérieux que Sénèque, il y a chez lui je ne sais quelle mélancolie dans l'austérité, quelle ardeur de perfection que je retrouve exceptionnellement chez Epictète. Il y a tout autant de grandeur morale chez Marc-Aurèle à s'arracher la pourpre pour contempler plus à l'aise la vanité suprême de la vie, que chez Epictète, l'esclave, le hors la loi, à s'élever aux plus sublimes hauteurs de la pensée. Tous les deux, par le même chemin, gagnent la même cime ; mais, pendant que l'amour

---

(1) *Dissertations*. III.
(2) *Pensées*. Liv. X, 36.

de la perfection fait d'Epictète un solitaire qui sent du mépris pour les hommes, il fait de l'âme tendre et pieuse de Marc-Aurèle un foyer de tendresse et de piété. Sa résignation n'est pas hautaine; on sent qu'il a souffert pour y arriver: sa piété ne s'enfle pas d'orgueil; or il y a le plus souvent dans la piété un vernis d'orgueil qui nous rend méfiants envers elle. Le stoïcisme, en passant dans l'esprit de Marc Aurèle, s'imprègne de chaleur, de patience et de respect: il gagne en souplesse ce qu'il perd en fierté; l'héroïque morale de l'école se contente d'être belle avec Marc Aurèle, et par là même, elle devient plus accessible et plus captivante. L'empereur nie la souffrance, mais d'un geste paisible: il accepte sa destinée, mais avec bonne grâce exempte de déclamations. Il se sert volontiers de l'image, qu'il choisit fraîche et neuve. Les *Pensées*, libres de tout esprit conventionnel, sont à un tel point dégagées des étroitesses du système, que c'est par un effet de mémoire que nous les rattachons au stoïcisme. Si j'ose me servir d'une comparaison, les *Pensées* sont les rameaux en bouture de l'arbre stoïque: un printemps éternel conserve leur fraîcheur.

Les *Pensées* se groupent autour de deux idées dominantes: nécessité logique de la mort; œuvre de raison dans cette vie éphémère.

« Qu'est-ce que la mort ? Une opération de la nature, « une opération utile à la nature: celui qui a peur d'une « opération de la nature est un enfant... Médite souvent la « rapidité avec laquelle sont emportées et disparaissent les « choses qui sont et qui naissent. L'homme est comme un « fleuve, dans un perpétuel écoulement, et les énergies de la « nature passent par des transformations continuelles et les « causes par des milliers de vicissitudes; car le présent même

« n'est presque rien et l'infini du passé et de l'avenir, où tout
« s'évanouit, est insondable. Sous peu, de la cendre ou un
« squelette, un nom ou pas même un nom: et le nom n'est
« que bruit et écho. Les choses les plus estimées dans la
« vie: vanité, pourriture, petitesses, chiens qui se mordent,
« enfants qui se chamaillent, rient et tout de suite pleurent...
« La mort: fin des ébranlements de notre sensibilité, des
« excitations de nos impulsions, des égarements de notre
« pensée, de l'asservissement à la chair... L'Asie, l'Europe:
« coins du monde; toute la mer, une goutte du monde; le
« mont Athos, une motte du monde; tout le temps présent,
« un point de la durée...

« Combien de ceux avec qui je suis entré dans la vie,
« en sont déjà partis! Combien d'hommes, autrefois célèbres,
« sont déjà livrés à l'oubli! Combien, qui les célébraient, ont
« depuis longtemps disparu!

« Le temps est proche où tu oublieras tout: le temps est
« proche où tous t'oublieront... Toutes les choses sont, par
« rapport à la matière, un grain de mil; par rapport au temps,
« un tour de vrille (1).

« Ce sont des feuilles mortes tes enfants: feuilles mortes
« ces acclamations qui veulent être crues, ces éloges, ces
« censures, ces railleries: feuilles mortes également ceux qui
« se transmettront ta gloire posthume. Elles sont nées en la
« saison printanière: puis, le vent les a abattues, et la forêt
« en pousse d'autres à leur place » (2).

En quoi consiste cette opération utile à la nature, et
pourquoi dois-je la subir avec les millions d'êtres qui ne sont
plus et les milliards qui ne sont point encore nés? Dix-huit

---

(1) *Pensées*. Liv. II, V, VI.
(2) Cfr. *L'Ecclésiaste*. Psaumes XC, CIII.

siècles après Marc-Aurèle, un esprit supérieur, frappé par le même mystère, s'écrie :

Natura, illaudabil meraviglia,
Che per uccider, partorisce e nutre... (1).

Or, ce mystère de la mort, sur lequel tout être a pleuré une fois, en quoi semble-t-il beau à l'empereur romain ? Parce que la mort est une transformation nécessaire.

« Considère sans cesse que tout se fait par transforma-
« tion, et habitue-toi à penser que la nature du Tout n'aime
« rien tant que de transformer ce qui est pour en faire de
« nouveaux êtres semblables. Tout ce qui est, est la semence
« de ce qui doit sortir. Toujours ce qui succède est de la
« famille de ce qui précède. Des choses tendent à exister,
« d'autres tendent à avoir fini d'exister ; de ce qui naît, quelque
« partie est déjà éteinte. Des écoulements, des changements
« renouvellent le monde sans fin, comme le cours ininterrompu
« du temps maintient la durée infinie toujours nouvelle. Dans
« ce fleuve des choses, qui pourrait estimer une de celles qui
« passent en courant et sur laquelle il n'est pas possible de
« s'arrêter ? C'est comme si l'on se mettait à aimer un de ces
« moineaux qui passent en volant : lui, s'est déjà enfui loin
« des yeux...

« Sans transformation, quelle chose peut se faire ? Qu'y
« a-t-il de plus agréable, de plus familier à la nature du
« Tout ? Toi-même, peux-tu te baigner, si le bois ne se
« transforme ? Peux-tu te nourrir, si les aliments ne se trans-
« forment ? Ne vois-tu donc pas qu'il en est de même de ta

---

(1) LEOPARDI. *Chant* XXXIII. « Sopra un bassorilievo sepolcrale ».

« propre transformation et qu'elle est de même nécessaire à
« la nature du Tout ?

« Ce qui est mort ne tombe pas hors du monde. Il y
« reste, il s'y transforme et se dissout en ses éléments propres,
« qui sont ceux du monde et les tiens. Et eux-mêmes se
« transforment et n'en murmurent pas. La nature du Tout
« transforme en elle-même tout ce qui est renfermé en elle et
« qui semble corrompu, vieilli, inutile, et de celà même, elle
« fait d'autres choses nouvelles.

« Bientôt la terre nous couvrira tous : ensuite, elle-même
« se transformera ; et cela même se trasformera à l'infini ; et
« cela encore à l'infini... La perte de la vie n'est autre chose
« qu'une transformation. Tout est né pour changer, se trans-
« former, se corrompre, afin que d'autres existences succè-
« dent... » (1).

Il suffit que la mort, une des formes de l'éternelle transformation, soit voulue par les dieux, pour que l'homme raisonnable l'accepte. On pourrait à ce point objecter que le stoïque faisait plus que l'accepter, puisqu'il considérait le suicide comme une vertu. J'en conviens : Caton, Brutus se sont soustraits à l'existence, et cet acte leur a valu l'admiration enthousiaste des poètes, des artistes et des philosophes chrétiens. Mais, réfléchissons que leur suicide n'était ni la désertion voulue du corps par le mépris du corps, ni la lâcheté à supporter les maux de la vie, car le stoïcien savait les endurer. « Si la vieillesse démolit l'âme, on peut abandonner une ruine inerte » (2) : à ce seul titre le suicide est excusable aux yeux de Sénèque, auquel Marc-Aurèle s'approche, lorsqu'il s'écrie : « Si la conscience même de nos pensées s'en va, quelle raison

---

(1) *Pensées*. Liv. IV, VI, VII, VIII, IX, XII.
(2) *Lettre* XXI à Lucilius.

nous reste-t-il de vivre ? » (1) Cette apostrophe exceptée, Marc-Aurèle ne demande à l'homme que d'être prêt à la mort, c'est-à-dire de quitter la vie sans résistance.

« Sois indulgent, doux, amical à ton départ : n'aie pas
« l'air de t'en aller de force, mais va aisément, car cela aussi
« est une des choses selon la nature... Meurs avec sérénité
« comme une olive mûre qui bénit, en tombant, le sol qui l'a
« nourrie et la branche qui l'a portée.

« Y a-t-il quelque chose de terrible à être renvoyé non
« par un tyran ni par un juge inique, mais par la nature qui
« t'y a fait entrer ? C'est comme un acteur que renvoie de la
« scène le prêteur qui l'a engagé : — « Mais je n'ai pas joué
« les cinq actes, trois seulement ». — Dans la vie, trois actes
« font tout le drame. Car celui-là marque le terme, qui, jadis,
« a réuni les éléments dont tu es formé, et maintenant les
« dissout : toi, tu n'es cause ni de l'un ni de l'autre. Va-t'en
« donc avec sérénité, car celui qui te congédie, te congédie
« avec sérénité (2).

Puisque la vie est éphémère, comment agirons-nous envers le corps, cette souillure ? Faudra-t-il suivre le précepte d'Aristippe, et vivre notre instant dans la jouissance ? Ou à l'exemple des chrétiens fanatiques annihiler par le jeûne, le cilice, la chair, asile du péché ? Le stoïcien recule devant ces excès. Il aime la mesure. Le corps est l'enveloppe de l'âme. Or l'âme, étant libre à cause de son origine, doit garder sa liberté. Si le corps l'entame, elle devient une esclave ; si le corps la souille, elle n'est plus lumineuse. L'âme est le divin caché dans l'écorce corporelle : c'est le principe de raison que les

---

(1) *Pensées*. Liv. VII, 24.
(2) *Pensées*. Liv. X, XII, 36.

dieux ont donné aux hommes. Il est vrai que Alexandre de Macédoine et son muletier, une fois morts, en sont au même point, parce que la mort est une niveleuse ; mais il n'est pas moins vrai que la valeur morale du roi et de son esclave est dans la mesure avec laquelle chacun d'eux a usé de la raison universelle.

Le stoïque n'attendra pas la mort, les bras croisés, l'âme engourdie par l'extase, car sa morale est éminemment active. Chercher la vérité, instruire les hommes, multiplier les actions utiles, coopérer à une œuvre unique, posséder son âme, voilà un programme de vie intense, qui réserve à la contemplation une place fort secondaire. La vie inspire à Marc-Aurèle des images guerrières.

« La vie est un noble combat..... (1) Il faut demeurer au
« poste où l'on s'est placé soi-même, ou bien où l'on a été
« placé par son général : il faut en courir tous les risques,
« sans tenir compte ni de la mort ni de rien autre chose que
« du déshonneur... L'art de la vie est plus semblable à celui
« de la lutte qu'à celui de la danse... Sois semblable au pro-
« montoire contre lequel incessamment se brisent les flots...
« Dans la pratique des principes, il faut ressembler au lutteur,
« non au gladiateur : celui-ci laisse échapper l'épée dont il se
« sert, et il est tué ; l'autre a toujours sa main, et n'a besoin
« de rien que d'y mettre sa force (2).

Dans le système stoïcien, la morale l'emporte sur la philosophie, et ce qui lui donne une jeunesse vivante, c'est que le centre de ses agissements ne tombe pas hors du monde, mais sur la terre : elle ressemble en partie à la discipline du chrétien puisqu'elle consiste à ne rien désirer de ce qui est

---

(1) Cfr. St Paul, *Epître aux Ephésiens*. VI, 11-17.
(2) *Pensées*. Liv. IV, VI, XII.

la fumée et le néant. Celui qui s'est dépouillé du souci de la gloire, de la soif des louanges, de la convoitise des richesses, est non seulement vertueux sans efforts puisqu'il vit sans désirs, mais il a, en commun avec Dieu, la faculté que rien n'entrave son œuvre. Un tourbillon agite et brise ceux qui cherchent le bonheur où jamais on ne le trouve: le vent se tait autour de l'âme qui, parce qu'elle ne demande que la vérité, plane au-dessus des choses. Dans son perpétuel pèlerinage au pays de la vérité, l'âme acquiert une disposition spéciale: la bienveillance. Elle est indulgente et secourable. Elle ne s'irrite pas contre les méchants, puisqu'ils doivent faire ce qu'ils font, ni contre l'erreur, car l'idée fausse a autant de force que « la bile dans la jaunisse et le virus dans la morsure » (1). Platon avait affirmé que « c'est malgré elle que toute âme est privée de la vérité » (2); c'est donc pure folie que de s'aigrir contre l'homme qui ne la possède pas: surtout si l'on considère que, en agissant ainsi, on mutile le Tout, on fait un procès aux dieux qui veulent que le mal, le mensonge, le péché, coexistent avec le bien, la vérité, la vertu.

« Tous, nous travaillons à une œuvre unique; les uns
« avec connaissance et pleine intelligence, les autres sans le
« savoir, voire même ceux qui dorment. L'un y coopère d'une
« façon, l'autre d'une autre, et par dessus le marché, celui-là
« même qui murmure, qui s'efforce de remonter le courant,
« de supprimer ce qui est; car le monde avait besoin d'un
« homme de ce genre (3). « ...Les dieux, qui sont immortels,
« ne s'irritent point de ce qu'il leur faudra, dans une telle éter-
« nité, supporter toujours des méchants si nombreux; bien

---

(1) *Pensées*. Liv. VI.
(2) Cfr. St Paul, sur la théorie de la prédestination. Romains IX, 18-21.
(3) *Pensées*. Liv. VI, 42.

« plus, ils prennent d'eux mille soins. Et toi, qui dans un
« instant vas finir, tu t'en fatigues, et cela, quand tu es un
« de ces méchants ! » (1).

Lorsque Renan définit la prédication stoïcienne « la plus belle tentative d'école laïque de vertu que le monde ait connu » (2), il dit juste : l'exposé ci-dessus le prouve à souhait. Néanmoins, c'est dans ses rapports sociaux qu'elle atteint le plus haut degré de perfection. Le chrétien primitif, qui fuyait la société de ses semblables et demandait au désert l'idéal d'une vie en Dieu, a fait œuvre de recul : il a retardé de plusieurs siècles l'avènement de la Cité fraternelle où chaque membre participe à l'action commune, non point à cause d'une parenté de sang, mais à cause de la participation commune à l'intelligence. Le catéchisme civique de Marc-Aurèle commande : « sois utile à la société », le catéchisme du chrétien primitif or- « donne : fuis la société » ; la patrie, voilà le credo du Romain ; le chrétien est partout étranger sur la terre, sa patrie est au ciel. Celui qui se soustrait à la loi, mérite le titre de déserteur, pendant que ce titre frappe le chrétien qui refuserait l'obéissance absolue au Roi des rois. Telle est la cause de l'irréductible antagonisme entre l'Eglise et l'Empire : la vie de l'un causait la mort de l'autre ; or tous les deux voulaient vivre. Une lutte formidable les tint aux prises deux cents ans. Pourquoi l'agonie de l'Empire est-elle plus attrayante que la jeunesse de l'Eglise ? Ne serait-ce point parce que l'Eglise, enivrée de victoires, brise, détruit, méprise et ne vit qu'une vie factice jusqu'au jour où l'Empire resuscite pour lui prêter le secours de son droit, de sa philosophie et de sa justice ?

---

(1) *Pensées.* Liv. VII, 70.
(2) E. RENAN. Marc-Aurèle. *Préface.*

Les principes sociaux des chrétiens, en opposition tranchante avec ceux de l'Empire ayant été la cause première des persécutions religieuses, il est utile de résumer ici les maximes d'Etat de Marc-Aurèle, qui donnent une valeur historique à sa merveilleuse œuvre littéraire.

« L'âme, douée de la raison universelle et sociale, doit
« se conserver dans son activité raisonnable et sociale : or le
« propre de l'être sociable c'est de comprendre qu'il agit
« pour le bien commun, savoir qu'il agit pour être utile à son
« prochain. L'utile est le bien, et le bien est utile à tous. Ce
« qui est inutile à l'essaim est inutile à l'abeille : il ne faut
« donc rien faire inutilement.

« Agir est une nécessité sociale, puisque l'injustice est
« de ne rien faire.

« L'injuste est un impie ; il nuit également à ses semblables en ne faisant rien ou en faisant quoi que ce soit d'inutile.

« L'homme raisonnable met son plaisir à passer d'une
« action utile à la société à une action utile à la société ; ce
« qui signifie à dévouer son activité au bien général ».

Il va de soi que Marc-Aurèle identifie la société avec l'Etat, il n'en pouvait être autrement puisque l'Empire était le monde : de même il serait naïf celui qui demanderait à Marc-Aurèle de donner une place dans la société à l'esclave ou au barbare. Sa belle âme humanitaire voyait dans tout vaincu, un hors la loi ; pour définir l'esclave il se réclamait, sans doute, de l'autorité d'Aristote, qui faisait une distinction de nature entre l'homme libre et l'esclave. La société romaine n'est que l'ensemble des citoyens. Le seul but que le citoyen doit se proposer, c'est le bien de l'Etat. Quel est le crime d'Etat ? Se séparer de la société, s'isoler du reste des citoyens.

« Comme toi-même tu es un complément de l'organisme

« de la cité (1), de même, que chacune de tes actions soit un
« complément de la vie de la cité. Si une de tes actions ne
« se rapporte pas, ou directement ou de loin, à la fin com-
« mune, elle brise la vie sociale, elle ne lui permet plus l'unité,
« elle est factieuse, comme le citoyen qui, dans le peuple, se
« sépare de l'accord commun (2).

« Un rameau, détaché du rameau contigu, ne peut pas
« ne pas être aussi détaché de l'arbre entier : de même l'homme,
« séparé d'un seul homme, est détaché de la société entière.
« Mais le rameau est détaché par un autre : l'homme, au con-
« traire, se sépare lui-même du prochain, par la haine et
« l'aversion, sans savoir qu'il s'est en même temps retranché
« de la cité entière...

« Si jamais tu as vu une main amputée, un pied ou une
« tête coupés, gisant séparés du reste du corps : c'est ainsi
« que se rend lui-même celui qui n'accepte pas les événements,
« s'isole du tout, ou agit contre la société. Tu t'es jeté hors
« de cette union conforme à la nature, car tu es né partie, et
« voici que tu t'es amputé toi-même ».

L'effet de cette séparation n'est qu'éphémère si l'homme se réunit de nouveau ; et il faut voir dans cette faculté de retour une grâce particulière des dieux ; car, quoique il y ait une différence entre le rameau qui a grandi sur l'arbre et celui qui a été enté, l'essentiel est « de pousser ensemble, même sans penser ensemble » (3).

La prospérité sociale est sauvegardée par l'entente fraternelle des citoyens auxquels on accorde de penser à leur

---

(1) Sur l'acception du mot *cité* chez les anciens, voir l'œuvre de maître de Fustel de Coulanges : « La Cité Antique ».
(2) *Pensées.* Liv. IX, XI, VIII.
(3) *Pensées.* Liv. XI.

guise, d'adorer à leur manière, pourvu que leurs agissements soient conformes à la loi. Rome n'a jamais démenti son respect pour les cultes et les mœurs des innombrables peuples qu'elle recueillit sous son sceptre. Les cultes les plus divers, les rites les plus bizarres ont droit d'asile à Rome, où règne la liberté de penser. Mais ce que Rome ne voulut jamais tolérer, c'est l'infraction à la loi : armée du glaive elle devint alors implacable, elle traqua l'ennemi par delà les mers pour le frapper comme une bête nuisible. Il n'y a pas jusqu'à l'âme pieuse de Marc-Aurèle qui ne s'indigne et ne prononce l'anathème sur l'être anti-social.

« Déserteur, celui qui se soustrait à la raison de l'Etat
« — Abcès du monde, celui qui se retranche de la société
« commune — Rognure de la Cité, celui qui sépare son âme
« de l'âme des êtres raisonnables, car le monde est comme
« une cité et c'est de là, de cette Cité commune que nous
« viennent la raison et la loi, sinon d'où viennent-elles ?...
« Celui qui fuit son maître est un déserteur ; or le maître c'est
« la loi et qui la transgresse est déserteur... Lorsque l'homme
« est un obstacle à notre œuvre commune, il devient pour
« moi un des objets indifférents, non moins que le soleil ou
« le vent ou une bête... Ma cité et ma patrie comme Marc-
« Aurèle c'est Rome, comme homme, c'est le monde ; donc les
« choses utiles à ces cités seront seules des biens pour moi » (1).

On reconnait à ces affirmations viriles le romain de race, le rejeton de la noble lignée de Trajan, d'Adrien, d'Antonin, qui eurent le culte de la grandeur de Rome et qui y contribuèrent le mieux parce qu'ils comprirent que sa force résidait dans la fidélité aux mœurs et dans le respect à la tradition.

---

(1) *Pensées*. Liv. IV, X, V.

Pieux sans superstition, fermes sans dureté, doux sans faiblesse et philosophes sans pose, ils se dévouèrent au salut de l'Empire en le défendant contre ses adversaires.

Antonin publia à Ephèse un décret (1) où « défense est faite d'inquiéter les chrétiens, à moins qu'ils n'entreprennent quelque chose contre le bien de l'Etat ». Quelques années plus tard, Marc-Aurèle donne l'ordre de persécuter les chrétiens de Lyon, et il laisse agir à leur gré les gouverneurs d'Orient. Les chrétiens étaient-ils déjà redoutables ? Cette mesure d'ordre n'est-elle pas excessive ? Marc-Aurèle a-t-il connu les chrétiens de près ?

L'expansion de la doctrine de Christ, dans son premier essor, se fait avec moins de difficulté en Occident qu'en Orient. Ici, elle avait à lutter contre le judaïsme intransigeant et sectaire et contre les cultes asiatiques qui attiraient les esprits autant par le charme subtil de l'occultisme que par l'éclat mystique des cérémonies. La philosophie poétique de l'Inde avait émigré en Syrie où elle épurait le culte national. Rome, la Babel des religions, ne marchanda guère la place aux petites communautés chrétiennes, que, d'ailleurs, elle ignora pendant plus d'un demi-siècle. Si les néophites, dans l'ardeur communicative de leur foi, se fussent adressés d'emblée aux prétoriens, aux philosophes de renom que l'on pouvait aborder librement ; s'ils s'étaient mis à discuter avec les prêtres d'Osiris et de Mithra, alors à la mode, il n'est pas audacieux de croire que les persécutions dont ils furent l'objet sous Néron, n'auraient pas été les premières. Les

---

(1) EUSÈBE. *Hist. de l'Eglise* IV, 11.

néophites usèrent de prudence et de silence aussi longtemps que dura leur infiltration dans les couches infimes de la société romaine. Ils pratiquèrent les déshérités et les faibles, c'est-à-dire, les esclaves et les femmes, que la divine nouvelle de l'affranchissement et des célestes trésors faisait bondir d'allégresse. Cette préférence les déconsidère aux yeux des penseurs sceptiques tels que Celse et Lucien.

Le premier s'indigne même.

« Les chrétiens ressemblent à ces charlatans de foire qui
« ne s'adressent pas aux hommes de sens, mais, s'ils aper-
« çoivent quelque part un groupe d'enfants, de portefaix ou
« de gens grossiers, ils étalent leur industrie et se font admirer.
« Voici des cardeurs de laine, des cordonniers, des foulons,
« gens de la dernière ignorance et tout à fait dénués d'édu-
« cation. Devant les maîtres, il n'osent ouvrir la bouche : mais,
« surprennent-ils en particulier les enfants de la maison, ou
« des femmes qui n'ont pas plus de raison qu'eux-mêmes, ils
« se mettent a débiter des merveilles. Ceux qui tiennent à
« savoir la vérité n'ont qu'à planter là père et précepteurs, à
« venir avec les femmes et la marmaille dans le ginécée, ou
« dans l'échoppe du cordonnier, ou dans la boutique du foulon,
« afin d'y apprendre l'absolu. Quiconque est pécheur, qui-
« conque est sans intelligence, quiconque est faible d'esprit,
« en un mot quiconque est misérable, qu'il approche, le
« royaume de Dieu est pour lui (1).

Lucien, à son tour, nous présente un groupe de vieillards, de veuves et d'orphelins entassés devant la prison de Prothée. « Ce sont là des chrétiens qui renient les dieux des
« Grecs pour adorer un Crucifié qui leur a appris qu'ils sont

---

(1) CELSE dans Origène I, 27 ; VI, 14.

« tous frères et qu'ils doivent mépriser l'argent. Aussi, si
« parmi eux il se trouvait un escroc habile, il aurait vite fait
« de devenir riche en gobant cette engeance crédule et sotte (1).

Tacite ne leur avait pas déjà épargné l'insulte, condamnant sans la connaître, leur doctrine comme une superstition « vulgaire et funeste ». Moins dur que lui, Pline le Jeune se rend coupable d'une inconséquence qui nous étonne. Il déclare qu'il n'a rien trouvé à reprendre chez eux, mais il conclut que leur superstition est orgueilleuse et exagérée ».

L'orgueil! voilà le reproche qu'adresse aux fidèles de Christ le deuxième siècle par la bouche de Celse et de Félix.

« N'est-ce pas de l'orgueil insensé que de prétendre que
« le christianisme est toute la vérité ?... Juifs et chrétiens me
« font l'effet d'une troupe de chauves-souris, ou de fourmis
« sortant de leur trou, ou de grenouilles établies près d'un
« marais, ou de vers tenant séance dans le coin d'un bour-
« bier, et se disant entre eux : « c'est à nous que Dieu révèle
« et annonce d'avance toute chose ; il n'a aucun souci du
« reste du monde ; il laisse les cieux et la terre rouler à leur
« guise pour ne s'occuper que de nous. Nous sommes les
« seuls êtres avec lesquels il désire lier société, car il nous
« a fait semblables à lui. Tout nous est subordonné ; la terre,
« l'eau, l'air et les astres ; tout a été fait pour nous et destiné
« à notre service, et c'est parce qu'il est arrivé à certains
« d'entre nous de pécher, que Dieu lui-même viendra ou en-
« verra son propre fils pour brûler les méchants et nous faire
« jouir avec lui de la vie éternelle » (2).

Le même exclusivisme - si contraire à la mentalité des Romains - suggère à Caecilius la violente invective con-

---

(1) LUCIEN. *Dialogues:* La mort de Prothée.
(2) CELSE dans Origène IV, 23.

tre les chrétiens, dans le dialogue bien connu d'« Octavius » par Minucius Felix.

« Ils parlent de l'autre vie avec tant d'assurance, que vous
« diriez qu'ils en reviennent... Peut-on voir sans douleur, sans
« indignation, des illettrés décider des choses divines et tran-
« cher des questions sur lesquelles les philosophes ne sont
« pas d'accord ! Il est impossible de souffrir que ces nu-pieds,
« ces misérables qui sortent de la lie du peuple, ces gens de
« ténèbres qui se taisent devant le monde et ne deviennent
« bavards que lorsqu'ils vous tiennent seuls dans un coin,
« essayent d'affaiblir ou de détruire une religion si vieille, si
« salutaire ! »

D'ailleurs, le sentiment des gens de lettres hostile aux chrétiens, quoique refoulé à cause du succès qu'ils obtinrent sous des empereurs diplomates, persiste à tel point que Julien l'apostat s'en rend l'interprète. Il les nomme toujours « les impies galiléens » et méconnait leur doctrine jusqu'à affirmer « qu'elle ne fait que des âmes d'esclaves ».

Le christianisme fut donc, à son origine, méprisé par les grammairiens, les rhéteurs et les sophistes qui formaient ce que nous appellerions la classe cultivée de l'Empire. Le chrétien s'en consola, car la surdité opiniâtre de ses érudits adversaires semblait confirmer la parole du Christ : « J'ai caché ces choses aux sages et aux intelligents, pour les révéler aux petits enfants » (1). Plus tard, il rompit avec toute culture profane, pour ne méditer que les Evangiles. Origène renonce à l'enseignement de la grammaire comme à une profession « inutile pour le salut et contraire à l'étude des saintes lettres » (2).

---

(1) St Matthieu, chap. XI, v. 25.
(2) Eusèbe. Liv. VI, 3.

Tertullien, sectaire scrupuleux, interdit au chrétien d'enseigner la rhétorique et la philosophie, « ces artifices du démon » (1).

Nous verrons que S. Augustin, S. Ambroise et S. Grégoire tiennent un tout autre langage : il n'en reste pas moins qu'au temps de Marc-Aurèle, les chrétiens se gardaient de l'instruction comme d'une lèpre. Que l'on considère l'importance que l'Etat donnait à l'instruction; combien il comptait sur elle pour fusionner les peuples de l'Empire, si différents quant à leur origine, leur langue, leurs mœurs, et nous comprendrons que l'extranéité des chrétiens primitifs à l'école romaine devait être à la fois nuisible à leur cause, et dangereuse à la vie de l'Empire.

Quelle est l'attitude du chrétien par rapport à l'armée, cette toute puissante institution de l'Etat ? Il l'adverse. L'armée sert à établir des règnes terrestres, tandis que le règne de Christ n'est pas de ce monde. Le chrétien est soldat, mais soldat du Christ, pour qui il revêt l'armure de la foi, le bouclier de la justice et il s'arme de l'épée de la parole (2). Tertullien tranche toute possibilité de discussion lorsqu'il décrète qu'une même âme ne peut se donner en même temps à Dieu et à César.

« Si l'on veut s'amuser à disputer - dit-il - Moïse porta
« la verge, Aaron le pectoral, Jean la ceinture de cuir, et le
« peuple saint a fait la guerre. Mais comment le chrétien,
« devenu soldat, combattra-t-il ? Comment fera-t-il son devoir
« s'il n'a pas l'épée ? Or, le Seigneur la lui a ôtée. Il est
« certain que le Seigneur, en désarmant Pierre, a désarmé
« tous les soldats ».

---

(1) TERTULLIEN. *De l'Idolâtrie.*
(2) St PAUL. *Epître aux Ephésiens* VI, 6, 11, 14, 16, 17.

Ce serait pourtant une erreur de croire que, dès les premiers siècles, le chrétien déserta l'armée : comme son refus aurait été son arrêt de mort, il n'y aurait plus eu de semeurs pour répandre la semence de la foi. À ne juger que d'après les intérêts de la propagande chrétienne, nous sommes forcés de conclure que l'armée recruta aussi des chrétiens libres. Nous en avons une preuve. Marc-Aurèle comptait des chrétiens dans la douzième légion qui engagea la campagne contre les Quades. Ces derniers ayant coupé aux envahisseurs l'approvisionnement d'eau, l'armée dévorée par la soif, égarée dans une impasse, épuisée de fatigues, allait succomber, lorsque, tout à coup, une pluie serrée tombe sur les Romains, tandis que la foudre et la grêle se tournèrent contre les Quades et les mirent en déroute. Tout le monde crut à un miracle dont on attribua le mérite aux prières de Marc-Aurèle. Les chrétiens, admettant qu'un miracle ne pouvait être l'ouvrage que du vrai Dieu, y virent le triomphe de leur cause. Ils s'attribuèrent la gloire d'avoir sauvé l'armée par leur humble prière prononcée à genoux avant le combat (1). Tout en signalant la présence d'un nombre limité de chrétiens dans l'armée, il est urgent d'ajouter que le service militaire n'a jamais été encouragé par les saints et les évêques de l'Eglise primitive, qui ont dû tenir autant de rigueur à leurs membres légionnaires que à ceux, parmi les convertis, qui avaient vécu d'un art idolâtre, tel que l'art du potier, du verrier, du doreur, de l'orfèvre, etc.

Le concile d'Arles met, en l'an 314, fin à la désertion, en prononçant l'anathème contre ceux qui se refusaient au service militaire (2).

---

(1) Noel Desvergers. *Essai sur Marc-Aurèle.*
(2) Le Blaut. Académie des sciences mor. et pol. 1879.

L'Eglise encourageait, par contre, le célibat et la virginité. Elle trouvait dans cet état des dispositions particulièrement favorables à la grâce, au salut de l'âme. Le corps exempt de la souillure du plaisir gagnait une certaine transparence lumineuse à travers laquelle l'âme rayonnait : la chasteté du Maître était un exemple à suivre, et l'imitateur gagnait une place à part dans l'assemblée des fidèles. La vierge était en quelque sorte l'illuminée chez qui Dieu se révélait. La croyance très répandue que Dieu allait sous peu paraître sur la terre pour délivrer ses élus de la corruption ; l'interprétation grossière de certains passages des Epîtres et de l'Apocalypse ; l'ardeur à se dédier corps et âme au service du Maître, aidèrent au développement d'un principe qui portait atteinte à la vie sociale.

Le mariage est toléré ; cela suffit pour que tout zélateur s'en garde : l'amour honnête est le premier pas vers l'amour licencieux : pourquoi le chrétien s'acheminerait-il sur cette pente glissante, hérissée de tentations, lorsqu'il est si doux de renoncer au plaisir ? Il y a plus encore : les soucis de la famille à élever détourneront un père du seul souci digne d'estime, celui de la vie éternelle ; il viendra petit à petit à chérir les ressources matérielles, et du même coup il perdra son âme. L'Eglise condamnait les secondes noces : la veuve partage avec la vierge les sympathies de la communauté. St. Cyprien considère le mariage comme un instrument de péché, et Tertullien va jusqu'à mettre le chrétien hors de la vie et de l'humanité (1). Pour se faire une idée de l'étendue de ce principe et de la libéralité avec laquelle les chrétiens en usaient, que l'on parcoure les « Actes des Saints », cet interminable catalogue des martyrs, et on n'y verra figurer que des vierges, des veuves, des célibataires, des vieillards et plusieurs eunu-

---

(1) AUBÉ. *Les chrétiens dans l'Emp. Rom.*

ques qui se mutilèrent pour la gloire de Dieu. Exceptionnellement, le martyr vit dans l'état du mariage.

Quel abîme entre ce principe chrétien et celui de Rome qui condamnait sans réserve le célibat; et qui formulait le premier devoir du citoyen dans ces termes: « Le bon citoyen doit vivre pour sa patrie et mettre au monde de nombreux enfants pour la servir » (1).

Le concile de Gangres - 325 - se prononce enfin sur ce sujet si fort controversé.

« Si quelqu'un garde la virginité ou la continence, non
« pour la beauté et la sainteté de cet état, mais par horreur
« pour le mariage, qu'il soit anathème.

« Si quelqu'un, faisant profession de virginité pour plaire
« à Dieu, insulte les chrétiens mariés, qu'il soit anathème. Si
« une femme abandonne son mari et se retire par horreur pour
« le mariage, qu'elle soit anathème.

« Nous admirons la virginité, la continence que la modestie
« accompagne, mais nous honorons le lien du mariage quand
« les époux méritent le respect » (2).

L'action de l'Eglise au sein de l'Empire est éminemment dissolvante, puisqu'elle n'accepte pas ses trois institutions fondamentales: l'instruction, l'armée, le mariage, et qu'elle forme un état dans l'Etat.

L'Eglise gagne, de jour en jour, du terrain et de l'audace: son peuple s'accroît par les persécutions. L'Empire a beau frapper sans relâche, il en sort de partout et surtout des cendres du bûcher. Tertullien provoque les persécuteurs: « Vos bras sont fatigués... Nous sommes d'hier, et déjà nous
« remplissons tous vos cadres, vos cités, vos places fortes,

---

(1) VARRON.
(2) LE BLANT. Académie des scieuces mor. et pol. 1879.

« vos conseils, vos tribus, vos décuries, le palais, le sénat, le
« forum : nous ne vous laissons que vos temples » (1).

Origène corrige les exagérations de Tertullien; il n'en est pas moins vrai que le grain de sénevé est devenu un arbre qui commence à couvrir le monde, et que, si jusqu'à Adrien la connaissance du christianisme est l'affaire de la police et d'un petit nombre de curieux, la religion nouvelle jouit de la plus grande publicité sous Marc-Aurèle (2).

Il n'est pas inutile de considérer un instant la physionomie de la communauté primitive. Ce qui nous frappe c'est son manque d'unité. C'est en vain que confesseurs et évêques se donnent du mal pour étouffer l'ivraie de la discorde; elle envahit les petites assemblées comme les grandes églises. C'est surtout en Orient que l'hérésie sévit. Si l'Eglise, d'après le témoignage d'Eusèbe (3), était vierge à la mort de S. Jacques, parce qu'aucun homme ne l'avait encore corrompue par de vains discours, Thebutis, qui le premier souille cette virginité, est le père d'une interminable série d'hérétiques. Menandriens, Marcionites, Carpocratiens, Valentiniens, Basilidianiens, Saturniliens : les adeptes de Paul de Samosate, de Novat, de Nepos, et surtout de Montanus, de Markos et de Bardesane, pour ne citer qu'une poignée de dissidents, ont déchiré l'Eglise au deuxième siècle. Leur hérésie n'a ni la valeur ni le danger que présentèrent au temps d'Augustin, les Donatistes, les Gnostiques, et surtout les Manichéens ; mais l'extravagance même de certains de leurs rites exposait la jeune Eglise à la calomnie des païens. Il n'y a presque pas un chapitre de

---

(1) TERTULLIEN. *Apol.* XXI, 37.
(2) RENAN. *La fin du monde antique*, chap. XXV.
(3) EUSÈBE. Liv. IV, 22.

l'histoire d'Eusèbe, qui ne contienne le récit d'une hérésie abominable et la condamnation d'un imposteur. Irénée, le saint évêque de Lyon, compose cinq livres pour réfuter les hérésies de son temps. L'Orient est une pépinière d'hérésies : la Phrygie en fournit à elle seule une dizaine, dont celle de Montanus eut un succès inouï. Naturellement portés aux rêveries religieuses, les Phrygiens n'avaient accepté le christianisme que pour le farcir d'un mysticisme ascétique. Ils attendaient avec une foi inébranlable la venue d'un Paraclet, lequel devait compléter l'œuvre de Jésus, rétablir sa vérité et purger l'Evangile des altérations que les apôtres et les évêques y avaient introduites. Montanus crut être le Paraclet, il se présenta comme tel aux Phrygiens, qui lui reconnurent de suite le don de la prophétie et du miracle. L'enthousiasme fut au comble. Les choses révélées à Montanus dépassèrent celles contenues dans l'Evangile : « La loi et les prophètes furent considérés comme l'enfance de la religion ; l'Evangile en fut la jeunesse ; la venue du Paraclet fut censée être le signe de sa maturité » (1). Deux femmes, Prisca et Maximille, quittèrent l'état du mariage pour embrasser la carrière prophétique, et elles exercèrent avec éclat un vrai ministère public. Par les jeûnes, les austérités, une discipline rigoureuse, elles favorisaient l'extase, et dans cet état elles prononçaient des paroles vagues auxquelles le peuple donnait la portée de sombres prophéties. On venait de très loin pour s'associer aux processions pompeuses de Montanus, et pour interroger les illuminées de Pépuze, qui fut, pendant près de vingt ans, la nouvelle Jérusalem où se portaient les regards des chrétiens de Lyon, de Vienne et d'Alexandrie. Evêques et Conciles prononcèrent à l'envi l'anathème sur la folie de Montanus : quelques polémistes de talent, tels

---

(1) RENAN. *Marc-Aurèle.*

que Apollinaire d'Hiérapolis et Clément d'Alexandrie, assurèrent le triomphe de l'orthodoxie.

Les hérétiques, parce qu'ils prétendaient monopoliser la vérité, refusaient toute autorité à l'Eglise ; et celle-ci usait de violence pour reconduire au bercail le troupeau égaré : à l'attaque elle ripostait par l'injure. Aussi pouvons-nous croire sur parole Julien l'Apostat : « Les chrétiens sont pires que des bêtes féroces, quand ils se disputent entre eux ».

La variété de leurs croyances, l'âpreté de leurs disputes, les accusations de rites sanglants dont les orthodoxes gratifiaient les hérétiques, la terminologie du symbolisme chrétien, le mystère qui entourait la célébration du culte nocturne, des racontars bizarres où se mêlaient les éléments impurs des cultes d'Egypte et de Syrie, les principes dissolvants du christianisme et sa clientèle déconsidérée : tout cela, et les infractions continues à la loi, amenèrent la persécution sous Marc-Aurèle et ses successeurs.

Et pourtant Apollinaire et Miltiade eurent soin de faire l'apologie de la chrétienté, qui eut même un excellent plaideur dans la personne de Méliton de Sardes. Il s'adresse à Marc-Aurèle dans la langue qu'il chérissait, le grec, le lendemain de la persécution d'Asie. Son plaidoyer est bien trop intéressant pour le donner en abrégé.

Voici le texte :

« Ce qui ne s'était jamais vu, la race des hommes pieux
« est en Asie persécutée, traquée, au nom de nouveaux édits.
« D'impudents sycophantes, avides des dépouilles d'autrui,
« exercent leur brigandage à la face de tous, guettant nuit et
« jour, pour les faire saisir, des gens qui n'ont fait aucun mal.
« Si tout cela s'éxécute par ton ordre, c'est bien, car il ne
« saurait se faire qu'un prince juste commande quelque chose
« d'injuste : volontiers alors nous acceptons une telle mort

« comme le sort que nous avons mérité. Nous ne t'adressons
« qu'une demande, c'est qu'après avoir examiné par toi-même
« l'affaire de ceux qu'on te présente comme des séditieux,
« tu veuilles bien juger s'ils méritent la mort ou s'ils ne sont
« pas plutôt dignes de vivre en paix sous la protection de la
« loi. Que si ce nouvel édit et ces mesures ne viennent pas
« de toi, nous te supplions de ne pas nous abandonner doré-
« navant à un pareil brigandage public.

« Oui, notre philosophie a d'abord pris naissance chez les
« barbares; mais le moment où elle a commencé de fleurir
« parmi les peuples de tes États ayant coïncidé avec le grand
« règne d'Auguste, ton ancêtre, fut comme un heureux augure
« pour l'Empire. C'est de ce moment, en effet, que date le
« développement colossal de cette brillante puissance romaine
« dont tu es et seras, avec ton fils, l'héritier acclamé de nos
« vœux, pourvu que *tu veuilles bien protéger cette philosophie*
« *qui a été la sœur de lait de l'Empire*, puisqu'elle est née avec
« son fondateur, et que tes ancêtres l'ont honorée à l'égard
« des autres cultes. Et ce qui prouve bien que notre doctrine
« a été destinée à fleurir parallèlement aux progrès de votre
« glorieux empire, c'est qu'à partir de son apparition, *tout vous*
« *réussit à merveille*. Seuls, Néron et Domitien, trompés par
« quelques calomniateurs, se montrèrent malveillants pour notre
« religion; et ces calomnies ont été acceptées ensuite sans exa-
« men. Mais leur erreur a été corrigée par tes pieux parents,
« lesquels, en de fréquents rescrits, ont réprimé le zèle de ceux
« qui voulaient entrer dans les voies de rigueur contre nous.
« Ainsi, Adrien, ton aïeul, en écrivit à diverses reprises, et en
« particulier au gouverneur d'Asie. Et ton père, à l'époque où
« tu lui étais associé dans l'administration des affaires, écri-
« vit aux villes de ne rien innover à notre égard.

« *Quant à toi*, qui as pour nous les mêmes sentiments,

« *avec un degré encore plus élevé de philanthropie et de philo-*
« *sophie*, nous sommes sûrs que tu feras ce que nous te
« demandons (1).

Les arguments produits par Méliton de Sardes, pour démontrer que l'Empire aurait à gagner en s'appuyant à l'Eglise, car tous les deux ont les mêmes intêrets, ouvrent une voie nouvelle et sont un pronostic de l'avenir. Constantin se chargera de prouver que Méliton de Sardes fut un homme très sagace, le jour où il démêla si bien, cent-trente-deux ans d'avance, au travers des persécutions proconsulaires, la possibilité d'un empire chrétien (2). Néanmoins, l'apologiste de l'Eglise, qui sert en même temps des flatteries à l'Empire, ne modifia point les préjugés anti-chrétiens de Marc-Aurèle. Lui, qui a le plus approché de l'esprit du Christ, juge de ses disciples en Romain. Leur conduite provocante, leur refus obstiné de s'associer aux prières et aux sacrifices offerts pour la santé et la conservation des empereurs - ce qui était un crime de lèse-majesté - (3), le mépris qu'ils affectaient à l'égard de la religion qui était purement une religion d'Etat, dépassent la bienveillance du philosophe.

« Efforce-toi de persuader les hommes, dit-il. Agis néanmoins contre eux quand la règle de la justice le veut ainsi ». Il n'est pas jusqu'au calme du chrétien martyr qui ne l'irrite, parce qu'il y voit un défi obstiné à la loi. Il faut que l'âme soit prête à se délier du corps, pourvu que ce détachement ne ressemble pas à celui des chrétiens où il y a de « l'obstination pure et du fracas tragique » (4).

---

(1) EUSÈBE. *Hist. Eccl.* IV, 26.
(2) RENAN. *Marc-Aurèle*, ch. XVII.
(3) AUBÉ. *Les chrétiens sous l'Empire.*
(4) *Pensées.* Liv. VI, 50.

Méliton de Sardes appelle la doctrine chrétienne, une philosophie : en outre, il exploite auprès de Marc-Aurèle sa qualité de philosophe, comme une garantie de ses bons offices en faveur des persécutés. Evidemment, l'avocat des chrétiens n'est pas sincère, puisque nous avons vu que l'Eglise primitive eut l'horreur de la culture païenne : il flatte le philosophe pour le gagner à sa noble cause.

En dehors de la communauté chrétienne, la philosophie avait-elle du renom au temps de l'empereur qui l'assit sur le trône ?

Domitien, ennemi des philosophes, les bannit de Rome ; et parmi ceux qui quittent la ville, il y a Epictète, l'héroïque stoïcien que Marc-Aurèle vénéra toujours comme un maître. Crescent, de la secte des Cyniques, procura la mort de l'évêque Justin, en haine de ce qu'il convainquait les philosophes d'être des parasites et des imposteurs (1). Adrien s'entoure de sophistes. Les philosophes deviennent tout-puissants sous Marc-Aurèle. Lui-même, à quatorze ans, prend le manteau du philosophe, et comme il donne de suite la préférence à la doctrine de Zénon, il dort sur la dure, il mange sobrement et il fuit le plaisir. Les philosophes ont libre accès au palais, quelle que soit la théorie qu'ils professent. Il leur fait des libéralités ; il leur donne des hautes charges au prétoire, ce qui met de fort mauvaise humeur les courtisans. A la mort d'un de ses maîtres, Marc-Aurèle pleure jusqu'à exciter les railleries de son entourage. Dion nous informe que l'empereur allait écouter Apollone et Sextus dans leurs écoles, « étant bien aise, quelque âgé qu'il fut, d'apprendre ce qu'il ne savait pas ». La renommée de l'érudiction de Marc-Aurèle était telle, que lorsqu'il alla avec son fils Commode à la guerre d'Alle-

---

(1) EUSÈBE. H. E. XV.

magne dont on craignait qu'il ne revînt pas, les philosophes le prièrent de leur expliquer ce qu'il y avait de plus difficile et de plus obscur dans les différentes sectes philosophiques, comme si on eut peur que la connaissance ne s'en perdît par sa mort (1).

Platon, Aristote, Aristippe, Epicure avaient partout des disciples qui professaient leur doctrine dans les écoles. Des chaîres de philosophie existaient dans l'Empire: celles de Grèce et d'Orient étaient les plus courues. Alexandrie et Edesse, surtout la première, sont un foyer d'intellectualisme, un immense dépôt de sagesse où puise le monde entier.

Marc-Aurèle parcourut en 175 la Grèce et l'Orient: il entendit tous les professeurs célèbres et fonda un grand nombre de nouvelles chaîres de philosophie à Athènes (2).

Les philosophies ne jouissent pourtant pas toutes du même crédit: celles d'Aristippe et d'Epicure, flattant les passions communes, étaient plus répandues que celle d'Aristote: Pythagore s'adressait aux esprits positifs tandis que l'élan mystique de Platon vers le bien absolu ne devait attirer que les âmes d'élite.

Marc-Aurèle nous donne sa définition de la philosophie: « faire que son génie intérieur reste à l'abri des outrages, inal-
« téré, supérieur aux plaisirs et aux douleurs; qu'il n'agisse
« ni au hasard, ni avec fausseté, ni avec fourberie; qu'il se
« soucie peu de ce que les autres font ou ne font pas; qu'il
« accepte et les accidents et la destinée comme venant de là
« même d'où lui-même est venu; qu'il attende la mort avec
« sérénité » (3).

---

(1) TILLEMONT. *Histoire des Empereurs.*
(2) DION CASSIUS. LXXI, 31.
(3) *Pensées.* Liv. II, 17.

L'empereur Julien nous décrit le philosophe lorsqu'il fait sommer Marc-Aurèle à l'assemblée de ses dieux :

« Il avait le visage et les yeux un peu abattus par le « travail, mais d'une beauté incomparable en ce qu'il n'y avait « rien d'orné ni d'ajusté. Sa barbe était épaisse, ses habits « modestes, son corps atténué par le peu de nourriture était « transparent et jettait de l'éclat comme la lumière la plus vive ».

Une telle philosophie, pratiquée par de tels philosophes, était vraisemblablement exceptionelle ; et il n'est pas audacieux d'affirmer qu'un nombre très restreint de philosophes auraient pu souscrire à cette profession de foi : « simple et modeste est l'œuvre de la philosophie, vu qu'il est plus philosophe de se rendre soumis aux dieux avec simplicité : car s'enorgueillir de n'être pas orgueilleux, c'est le pire de tout » (1). La simplicité de Marc-Aurèle tient à ce qu'il mesure l'étendue de ce qu'il ignore : il avoue que la philosophie a des bornes et que ce que l'on sait est une petite lumière dans les ténèbres.

« Les choses sont dans une telle obscurité que beaucoup « de grands philosophes, et les stoïciens eux-mêmes, ont cru « qu'elles étaient absolument incompréhensibles » (2).

La plus grande partie des philosophes péchaient d'orgueil : une vanité outrageante sortait des déchirures de leur manteau : la tenue malpropre de plusieurs d'entre eux était une vulgaire bravade. Leur langage, d'une gravité affectée ou d'un laisser-aller recherché, trahissait leur froide pédanterie. Le sophiste, qui jouissait d'une considération fictive, faisait retentir le portique, le forum et les académies de sa rhétorique creuse. D'ailleurs, la plupart des philosophes, usant de la doctrine du maître comme d'un gagne-pain, l'exposait à la risée du

---

(1) *Pensées*. Liv. XII, 27.
(2) *Ibid*. Liv. V, 10.

public, ou, pour le moins, l'avilissait. Ils vendaient leurs syllogismes à un tarif élevé : ils se disputaient la clientèle ; pour gagner de l'or ils changeaient de doctrine et prônaient avec désinvolture la philosophie qui était à la mode. Un sophiste se présenta à Athènes comme sachant toutes les philosophies : « qu'Aristote m'appelle au Lycée : je le suis ; que Platon m'invite à l'Académie : j'y entre ; si Zénon me réclame : je me fais l'hôte du Portique ; sur un mot de Pythagore : je me tais ». Comédiens achevés, ils jouent tous les rôles : leur vénalité va jusqu'à décrier leur maître lorsque la recette est maigre, et à le diviniser lorsqu'elle est abondante.

Aussi la froide satire de Lucien, en tombant sur cette engence d'ergoteurs et de débraillés, fait sa bonne œuvre d'assainissement. Il met à l'enchère les philosophes ; il vend Diogène pour deux sesterces, Socrate pour quelques sicles, Chrysippe pour un denier, etc. Voilà que la cendre de ces illustres trépassés s'anime, et ils demandent, à grands cris, de faire justice de ce barbare qui profane leur œuvre (1).

Lucien réclame son droit à la défense : la Philosophie le lui accorde ; et devant la Vérité il témoigne de son amour pour les sages et de son indignation contre le vil troupeau des disciples qui insultent, souillent leurs sublimes principes. C'est la fausse-monnaie mise en commerce par des sycophantes avides qu'il a exposée au rire lourd du peuple, non pas le pur lingot de la pensée hellène.

La conduite déréglée de beaucoup de philosophes n'éloigne pas Marc-Aurèle de ses chères études : au contraire, il déclare qu'il ne faut à aucun prix déserter la philosophie. Il remercie les dieux de ce qu'il n'est pas tombé sur quelque sophiste et de ce qu'il ne s'est point attardé à la solution des

---

(1) LUCIEN. *Dialogue des Réuscités.*

syllogismes (1). Les opinions de la foule, « épouvantails d'enfants » (2), n'ont jamais occupé sa pensée éprise uniquement de vérité.

La philosophie stoïcienne est morale au plus haut degré : aussi contribua-t-elle puissamment à l'amélioration des âmes, et eut-elle une influence fortifiante sur l'éducation du cœur. Mais elle était si peu spéculative, elle se servait si peu de la science et de la recherche qu'elle fut tout à fait impuissante à armer les esprits contre la superstition. Et la superstition au deuxième siècle va son train. Les croyances les plus baroques, les niaiseries les plus plates, les visions les plus bizarres que le cauchemar oriental a enfantées, trouvent du crédit à Rome et des adhérents dans les plus hauts rangs de la société romaine. Le vent était aux nouveautés et aux mystères, l'Orient était à la mode, les Romains allaient en Grèce, les Grecs en Asie et en Egypte pour se faire initier à des religions nouvelles (3). Si d'une part le gnosticisme menaçait d'engloutir, non pas que le dogme chrétien, mais l'esprit humain (4); de l'autre la possibilité de la magie devient un dogme : toutes les sectes, les épicuriens exceptés, en enseignent la réalité. On s'applaudit de pratiquer les mystères d'Alexandre d'Abonotique; on est à l'affût de tout nouvel artifice divinatoire. Les devins, les mages ont un arsenal de philtres et d'amulettes. Marckhardt (5) compte chez les classiques plus de quatre-vingts moyens de connaître l'avenir. Or, si de telles pratiques étaient pour les trois quarts étrangères aux cultes légaux au IVme siècle (6), jugez de leur prolifique épa-

---
(1) *Pensées*. Liv. I, 17.
(2) PHÉDON.
(3) AMÉLINEAU. *Le gnosticisme*.
(4) J. DENIS. *Histoire des théories et des idées morales dans l'antiquité*.
(5) MARCKHARDT. *Handbuch der Roemischen Altertümer*.
(6) DE-BROGLIE. *L'Eglise et l'Empire Romain*.

nouissement au deuxième! Marc-Aurèle, dont la piété fut exempte de superstition, remercie les dieux de lui avoir révélé dans des songes un remède contre les crachements de sang et les vertiges (1). S'il ne pratique pas l'astrologie c'est parce qu'elle exige le secours des dieux et une heureuse fortune.

La philosophie de Marc-Aurèle n'a pas de grande envergure, elle n'aime pas à scruter le mystère de l'outre-tombe, ni à spéculer sur l'éternité des dieux et sur l'origine de la matière. Précise dans l'exposé du devoir individuel et social, ferme dans son affirmation que la valeur de l'homme consiste à harmoniser avec la Raison universelle, elle ne reconnaît de prix à la vie que dans une activité bienfaisante et dans l'attente calme de la mort.

« Se faire des idées droites sur les dieux est le commencement de la piété » (2); or, cette piété du philosophe devient chez Marc-Aurèle une réelle ferveur religieuse. Il aime les dieux simplement; il croit en eux non point par les yeux de l'intelligence, mais par sa conscience. Aussi répond-il aux fâcheux qui ne cessent de demander: « où as-tu vu les dieux; d'où conclus-tu qu'ils existent pour les adorer ainsi ? » « Je n'ai jamais vu mon âme, et pourtant je l'honore: il en est de même des dieux. Par le fait que chaque jour j'éprouve leur puissance, je conclus qu'ils sont et je les respecte » (3).

Il ramène souvent les divinités au principe d'unité que St. Augustin posséda après treize ans de doutes douloureux. Il fait cette affirmation absolue. « Il y a *un seul* monde formé de tout, *un seul* Dieu répandu dans tout, *une seule* substance, *une seule* loi, *une* raison commune à tous les êtres intelligents,

---

(1) *Pensées*. Liv. I, 17.
(2) *Epictète*. Dissertations IV.
(3) *Pensées*, Liv. XII, 28.

une seule vérité, puisqu'il y a *une seule* perfection pour tous les êtres participant à la même raison » (1).

Il arrive à Marc-Aurèle comme à tout penseur de se formuler cette question: « Si les dieux ne sont pas? » Sa belle confiance en la raison aidant, il envisage le dilemme qui en résulte de manière à donner raison aux croyants. Si le matérialisme a raison, nous ne serons pas plus dupés que les autres pour avoir cru au vrai et au bien: si l'idéalisme a raison, nous aurons été les vrais sages.

« Ou chaos, agrégation, dissolution; ou unité, ordre, Pro-
« vidence. Dans le premier cas, pourquoi désiré-je vivre
« longtemps dans ce pêle-mêle, dans un tel gâchis? Pourquoi
« me troublé-je? La dissolution m'atteindra, quoique je fasse.
« Dans le second cas, je vénère celui qui régit tout, je m'as-
« sure et me confie en lui... Tu t'es embarqué; tu as fait la
« traversée; tu es arrivé: débarque. Si c'est dans une autre
« vie, rien n'est vide de dieux; si c'est dans un néant de
« sensations, tu cesseras d'être asservi à une enveloppe cor-
« porelle. D'un côté, esprit et génie intérieur; de l'autre, terre
« et boue » (2). La méditation de cette alternative mène à la prière de l'espérance.

De-Musset exprime la même pensée lorsqu'il s'écrie du fond de son scepticisme malheureux:

« Si le ciel est désert, nous n'offensons personne,

« Si quelqu'un nous entend, qu'il nous prenne en pitié » (3).

Marc-Aurèle remarque une seule imperfection dans l'œuvre divine.

« Comment donc les dieux qui ont tout ordonné dans un
« bel ordre et avec amour pour les hommes, ont-ils commis
« cette unique négligence que certains hommes absolument

---
(1) *Pensées*, Liv. VII, 9.
(2) *Ibid.*, Liv. III.
(3) *L'Espoir en Dieu*.

Le siècle qui suit la mort de Marc-Aurèle est propice à l'Eglise, car il amoindrit l'Empire. Le pouvoir émietté, la discipline affaiblie, la mainmise de l'armée sur la chose publique, la révolte des peuples que la force avait assujettis sans dompter, la société renversée, tout cela sert à ravir la cause chrétienne, qui réalise des progrès réels et profonds. Elle gagne ce que l'autorité civile perd ; elle hérite même du culte national, puisque celui-ci, étant impuissant à remplir sa fonction, c'est à dire à protéger l'Etat, se dissout en faveur de l'Eglise, à laquelle les évêques donnent une organisation merveilleuse. Le diocèse s'établit dans la province où l'évêque acquiert peu à peu l'autorité d'un gouverneur : Alexandrie, Carthage, Rome, grâce à la fermeté de leurs chefs spirituels, sont des centres d'où rayonnent au loin un esprit dirigeant et une discipline illuminée. Dès les premiers conciles on sent leur prépondérance : Rome, surtout, alimente le feu exterminateur contre les hérésies qui prennent en Orient un nouvel essor. Occupée à se défendre contre les tentatives de divisions intérieures ; à administrer les fonds du culte et la justice ; à fonder de nouvelles communautés et à les rallier aux plus anciennes ; à s'étendre et à se fortifier, l'Eglise vit une vie intense sans aucun rapport avec l'Etat. Elle forme une république secrète : voilà la revanche de l'Eglise. Tertullien avait déjà menacé l'empire de ce danger. « Sans recourir aux armes auxquelles nous sommes peu propres, il nous suffirait de nous séparer de vous : vous seriez effrayés de votre solitude et d'un silence qui paraîtrait la stupeur d'un monde mort ! » (1). La condition de vie pour les milliers de chrétiens actifs n'est point la tranquillité de l'Empire, comme l'obséquieux Athénagore voudrait le faire croire à Marc-Aurèle, mais la débacle de l'Empire.

L'Eglise ne gagne rien à ce que la race des Antonins se perpétue : elle gagne, par contre, sous les empereurs exotiques, étrangers à la tradition romaine. Les grands restaurateurs de la cause impériale : Dèce, Aurélien, Dioclétien, persécutent l'Eglise ; elle respire à son aise lorsque le caprice ou la violence des soldats consolide sur le trône le descendant d'un Syrien.

L'Eglise ne peut se faire une place sur l'assise formidable du droit romain ; celui qui le respecte, ne la respectera pas : mais faites que quelqu'un l'ébranle, qu'un autre le renverse, et l'Eglise se réjouira. Elle se réjouit du désordre, de la violence de la soldatesque, de la démence des empereurs d'un jour, du trône mis à l'encan, de l'audace du barbare ; et, enfiévrée d'espérance, elle sape dans l'ombre Rome lézardée. Son labeur silencieux est si profond, que le jour où Constantin quitte Rome pour Milan, avant de fonder la nouvelle capitale de l'Empire, Rome remplace la pourpre impériale par la crosse du pontife : la citadelle du paganisme devient la métropole de la chrétienté.

Si la dissolution de l'Empire a été un terrain de culture favorable à l'Eglise, celle-ci ne remporte sa belle victoire que grâce à l'excellence de sa doctrine interprétée par des esprits vraiment supérieurs, quant à l'universalité de leur culture et la profondeur de leur foi.

---

(1) TERTULLIEN. *Apol.* XXXVII, 41-42.

Ambroise, Augustin, Crysostome ont le droit de s'appeler les Pères de l'Eglise. Sans eux, l'avènement de l'Eglise eut été indéfiniment ajourné. Mais il n'en est point des conquêtes de l'esprit comme des conquêtes matérielles. Un homme peut passer en tourbillon, tout dévaster, tout briser, et sur cette table rase édifier des nouvelles villes et fonder un Etat prospère, même un Etat durable: tandis que l'homme qui veut alimenter des âmes, donner une orientation diverse à la pensée, changer le but de la vie, n'a de chance de succès que s'il utilise les éléments moraux et intellectuels familiers aux esprits.

Il n'y a guère d'analogie entre le conquérant et l'apôtre: même dans le désir commun de la victoire, la chance de l'un est de brusquer, la chance de l'autre est de patienter. L'apôtre, s'il tient à faire une œuvre durable, accepte ce qui est, se l'assimile avec intelligence et le transforme avec habileté.

Grégoire, Ambroise, Augustin comprennent la folie et l'inutilité de détruire. Loin de mépriser l'œuvre intellectuelle des philosophes, ils s'en servent: ce que leur pensée a trouvé de beau et de vrai, ils l'utilisent. Ils apprennent dans les livres des antiques l'art de la simplicité éloquente: ils sont heureux de trouver chez Platon l'ardeur du bien qui les embrase; chez Socrate le culte de la vérité; chez les stoïciens la pratique d'une vertu rigide.

Ambroise, au milieu des occupations pressantes et diverses de son ministère à Milan, consacre chaque jour une heure à la lecture d'Aristote ou de Pythagore.

Augustin n'aime rien autant que de discuter avec ses élèves sur la théorie unitaire de Plotin.

Justin martyr affirme que philosophes et poètes ont pu arriver à la vérité, aussi leur fait-il de riches emprunts.

Origène va encor plus loin, quand il déclare que la philosophie grecque devait aboutir au christianisme dont elle n'était qu'une préparation.

Les Pères de l'Eglise sont, pour ainsi dire, les vulgarisateurs de la pensée des païens. La culture, sans être, toutefois, dans la société antique l'apanage exclusif des hautes classes, s'adressait de fait aux esprits d'élite : les évêques chrétiens, héritiers de cette sagesse, au moment où ils s'en servent pour leurs visées polémiques, la rendent si simple, si claire que les intelligences incultes se l'assimilent de prime abord.

Cyrille se vaut des hypostases de la triade de Plotin, pour prouver le dogme de la Trinité (1).

St. Augustin affirme : « ces philosophes qu'on appelle platoniciens nous les préférons à tous les autres et nous confessons qu'ils ont approché le plus près de notre croyance » (2).

St. Ambroise construit son « Devoir des clercs » sur le patron du « De Officiis » de Cicéron : l'essentiel de la morale stoïcienne s'y retrouve. C'est encore le stoïcisme qui fait les frais de quelques-unes des lettres qu'Ambroise écrit à son ami Simplicianus (3).

Même la vénération des humanistes du Quattrocento pour les classiques, ne dépasse pas celle d'Augustin et d'Ambroise. S'il y a une différence entre eux, c'est que les premiers retournent en arrière, tandis que les Pères ne font que continuer la belle tradition hellène. La solution de continuité entre le christianisme et le paganisme, à l'égard de l'éducation, est seulement apparente ; et l'éducation - il faut s'en souvenir - est le souffle vital du monde antique.

---

(1) GRANDGEORGE. *St. Augustin et le néo-platonisme*. Bibl. de l'Ecole des Hautes-Etudes.
(2) *Cité de Dieu*. VIII, 9.
(3) BOISSIER. *La fin du paganisme*. Tome II.

L'école, voilà l'orgueil de l'Empire et son œuvre capitale. Il suffit d'être grammairien ou rhéteur, pour avoir droit de cité. Jules César exempte les rhéteurs de la milice, des sacerdoces onéreux, des tutelles, des ambassades gratuites, de la nécessité d'héberger les gens de guerre ou les agents de l'autorité. Adrien, Marc-Aurèle et Sevère obligent les villes à ouvrir des écoles. Alexandre Sevère institue le système des bourses pour aider les étudiants pauvres. Théodose II, en 425, ouvre l'université de Constantinople qui compte huit rhéteurs, vingt grammairiens, quelques philosophes et deux jurisconsultes.

La grammaire comprenait - d'après Quintilien - deux parties : l'art de parler correctement, et l'explication des auteurs; ce qui revient à une véritable préparation encyclopédique. L'élève passe des mains du grammairien à celles du rhéteur qui le forme pour la vie publique. On ne demandait pas peu de chose à l'orateur.

« Il faut que l'orateur avant de se livrer à la pratique
« de son art, ait tout étudié, tout connu: le droit, l'histoire,
« la philosophie, les sciences, et qu'aucune des connaissances
« humaines ne lui soit étrangère (1).

L'école reste païenne. Le christianisme est depuis près de cent ans la religion d'Etat, mais les maîtres chrétiens empruntent leurs sujets à l'ancienne philosophie. Ils ornent leurs leçons d'images mythologiques. Les panégyristes officiels donnent à Constance, à Théodose, le titre de Jupiter, et ils ne se font aucun scrupule de puiser leurs flatteuses apostrophes à l'arsenal des sophistes grecs.

Augustin enseigna la rhétorique après avoir reçu le baptême. Grégoire méditait sur l'éloquence grecque. Il n'y a que

---

(1) CICERON. *De Oratore.*

Tertullien, au deuxième siècle, qui interdise au chrétien de professer l'enseignement; mais par une contradiction bizarre, il veut que l'enfant chrétien fréquente l'école.

« Comment l'enfant se formerait-il sans cela à la sagesse
« humaine? Comment apprendrait-il à diriger ses pensées et
« ses actions, l'éducation étant un instrument indispensable
« pour l'homme pendant toute sa vie? » (1).

Que l'on juge, après ce que nous avons dit, de l'indignation de l'Eglise à la proclamation de l'*Edit de Julien*, par lequel *défense est faite aux rhéteurs, aux grammairiens et aux sophistes chrétiens d'enseigner dans les écoles*. La raison? Julien la donne sans faux-fuyants. Il veut empêcher que « les livres
« sacrés du politéisme soient lus et expliqués dans l'école par
« des maîtres incapables d'en comprendre l'inspiration et la valeur ». Du coup l'Eglise mesure la portée de l'édit: c'est son arrêt de mort. Si on lui enlève la faculté d'enseigner, comment arrivera-t-elle aux âmes? Lui refuser le pain de la science c'est la condamner à périr d'inanition !

Aussi la colère déborde-t-elle de partout.

St. Jérome verse le trop plein de son âme indignée.

« Comment voulez-vous que nous perdions la mémoire de
« notre enfance? Je puis jurer que je n'ai plus ouvert les
« auteurs profanes depuis que j'ai quitté l'école: mais, j'avoue
« que là je les avais lus. Faut-il donc que je boive de l'eau de
« Léthé pour ne plus m'en souvenir? » (2).

St. Grégoire est plus agressif.

« De quel droit cet homme, cet amant de la Grèce et de
« l'éloquence, prétend-il que le Grec lui appartient à lui et à
« ses dieux? De quel droit nous interdit-il la parole que le

---

(1) TERTULLIEN. *Traité de l'idolâtrie.*
(2) *Adversus Rufinum.*

« verbe de Dieu a placée entre les hommes comme un lien
« pour rendre leur vie douce, humaine, sociable? Parce que
« le grec a été parlé par des auteurs païens, est-ce une raison
« pour nous l'interdire? — Et s'adressant à l'Empereur :
« N'y a-t-il donc d'autre Hellène que toi?... Tu es en arme,
« ô guerrier courageux, mais ces armes d'où te viennent-elles?
« N'est-ce pas des Cyclopes qui ont inventé l'art de forger le
« fer? Tu es revêtu de la pourpre, vas-tu la rendre aux Ty-
« riens qui ont su les premiers la découvrir? » (1).

Nous sommes de l'avis de G. Negri (2), qui dans un ouvrage médité réhabilite celui que l'histoire a flétri du nom d'apostat. En analysant la pensée de Julien, il est aisé de voir comment, après sa conversion profondément sincère, il arguait d'erreur les chrétiens. Il tenait donc à sauvegarder les œuvres païennes de toute la profanation.

Qu'il se doutât ou non de l'incendie qu'il allumait, il sut le braver avec une fermeté assurée.

« Non - dit-il - l'éloquence c'est notre affaire. Gardez votre ignorance et votre rusticité. Votre philosophie n'a qu'un mot: *croire*. *Contentez-vous de croire et cessez de vouloir connaître* ».

Saint-Augustin n'a jamais voulu croire sans connaître : c'est lui qui a le plus contribué à parachever l'union de la sagesse païenne avec la doctrine chrétienne. C'est lui l'héritier de la philosophie. Il a fait œuvre de raison comme Marc-Aurèle. Les « Confessions » sont les sœurs des « Pensées » : greffées sur l'arbre de la culture antique, elles sont le premier fruit de la civilisation moderne.

Le titre grec des « Pensées » — EIS EAUTON — peut

---

(1) *Contra Jul.*
(2) *Giuliano l'Apostata.*

se traduire « autour de lui-même » : Augustin de même fait son examen et il l'offre à Dieu. De toutes ses œuvres, les « Confessions » ont la note la plus personnelle. Néanmoins, ce serait une erreur de ne juger St. Augustin que par elles; autant juger d'un orchestre par un des instruments qui le composent.

Les « Lettres », les « Dialogues philosophiques », « La doctrine chrétienne »; les traités « De l'ordre », « De la vie heureuse », « Du bonheur », « Des mœurs des Manichéens », « Des mœurs de l'Eglise catholique », « De la musique », « Les Soliloques », « La Cité de Dieu » — pour ne citer que les écrits les plus marquants — tout en témoignant de son esprit fécond, versatile, fournissent aux studieux des données indispensables à la connaissance de son âme, d'une complexité rare et d'une étrange sensibilité.

On risque fort de méconnaître St. Augustin si l'on sépare au hasard une page de l'œuvre entière : c'est ce que fit, par exemple, le XVIIme siècle, qui se justifie des persécutions cruelles contre les Huguenots, sur l'autorité de St. Augustin. N'avait-il pas écrit :

« Il peut arriver que celui qui souffre persécution soit
« méchant et que celui qui la fait souffrir ne le soit pas. Celui
« qui tue et celui qui guérit coupent les chairs et sont des
« persécuteurs tous les deux : mais l'un persécute la vie, l'autre
« la pourriture. Personne sans doute ne peut devenir bon
« malgré soi, mais la crainte met fin à l'opiniâtreté, et, en
« poussant à étudier la vérité, amène à la découvrir. Quand
« les puissances temporelles attaquent la vérité, la terreur
« qu'elles causent est pour les forts une épreuve glorieuse,
« pour les faibles une dangereuse tentation. Mais, quand elle
« se déploie au profit de la vérité, elle est un avertissement
« utile pour ceux qui se trompent et s'égarent ».

Sur cette page de St. Augustin, Bossuet, qui n'eut jamais d'autre maître, contemple froidement le massacre des hérétiques. Mais il a tort de ne pas méditer sur les mots indulgents qu'Augustin adressa, en 414, aux Donatistes persécutés par Honorius.

« Que ceux-là vous maltraitent qui ne savent pas avec
« quelle peine on trouve la vérité, combien il faut gémir et
« soupirer pour concevoir, même d'une manière imparfaite, ce
« que c'est que Dieu : que ceux-là vous persécutent qui ne
« se sont jamais trompés ! Moi, je puis vous plaindre, je me
« sens obligé de vous supporter, je ne peux pas m'irriter
« contre vous » (1).

Bossuet a-t-il oublié que l'évêque d'Hippone, au plus fort de la rage contre les Circoncellions, se hâte d'envoyer au tribun Marcellin une épître qui est un chef-d'œuvre de clémence ; et que, s'il approuva une fois les mesures rigoureuses prises par le pouvoir contre les Manichéens, il proteste toujours contre la peine de mort ?

Un jugement sur St. Augustin ne peut se faire qu'après lecture de tous ses ouvrages, en ayant soin de placer l'homme dans son siècle, dans le cadre de son activité, sans oublier la grandeur du but qu'il voulut atteindre. Mais que ce jugement évite d'être absolu, car St. Augustin n'est pas une nature facile à classifier : les recettes ordinaires de l'analyse risquent fort d'être insuffisantes. Impossible de le renfermer dans une formule. Il y a chez lui quelques germes qui caractérisent l'âme moderne, ce fruit languissant d'une civilisation raffinée ; mais son indomptable volonté étouffe en germe les langueurs, et sa raison allume brutalement le demi-jour des sensations, des désirs, des rêves où notre modernité aime à se réfugier.

---

(1) *Epist.* LXVII.

Nous nous bornons à étudier le St. Augustin des « Confessions », et à relever les affinités que son âme offre avec celle de Marc-Aurèle.

Augustin a des dispositions naturelles à la piété. A peine apprend-il à parler, qu'il balbutie une prière dont l'objet est enfantin. « Je vous demandais avec une ardeur qui n'était pas petite, qu'on ne me donnât point le fouet, châtiment ordinaire de l'école » (1).

La recherche de Dieu est le but suprême de son existence : au milieu des passions de sa jeunesse, il est saisi par un désir ardent de le connaître ; la nostalgie de Dieu le hante au sein même de la volupté. Lorsqu'il goûte au péché, il rêve la purification : jamais esclave ne soupira plus que lui après l'affranchissement. Mais son âme, imprégnée de mysticisme, ne peut s'envelopper d'une atmosphère mystique et y vivre en adoration, car il y a chez elle une faculté géante qui demande à s'épanouir : c'est la raison. La raison dispute le terrain à la sensibilité mystique ; elle la poursuit, elle la traque constamment. L'intensité de la vie du jeune homme toujours en quête de nouvelles études, d'autres maîtres, hier à Tagaste, aujourd'hui à Carthage, demain à Rome, n'est rien en comparaison de l'intensité de sa vie intérieure ! Là il n'y a jamais de trêve : nuit et jour, des sensations multiples, discordantes ; des pensées disparates ; des sentiments les plus divers se livrent une rude bataille.

« Je roulais misérablement mes pensées dans mon esprit
« dévoré de mille soins et tourmenté de toutes les terreurs... (2)
« Mon esprit est un labyrinthe sans issue... Quels tourments
« que ceux de mon cœur dans l'enfantement de ces pensées !...

---

(1) *Confessions*. Liv. I, 9.
(2) *Ibid*. Liv. VII, 5.

« Comment mes amis auraient-ils pu voir dans le fond de
« mon âme ces pensées dont elle était agitée ?... La plaie de
« mon cœur s'était envenimée... (1). J'avais deux volontés, l'une
« charnelle, l'autre spirituelle, qui se combattaient entre elles
« et qui déchiraient mon âme dans ce violent combat... (2).
« Mon âme est malade, car il y a deux volontés dans cette
« âme, aucune des deux n'est parfaite et l'une possède ce qui
« manque à l'autre » (3).

Il s'accroche à la doctrine des Manichéens comme un naufragé à une planche : puis il se dégoûte de ce qu'il considère des « fables éternelles », « des erreurs funestes », « des amorces dangereuses », et il flétrit ces hérétiques du nom « d'âmes adultères ». Son esprit harcelé par le besoin de connaître, quoique désabusé, se reprend à aimer les philosophes, « ces grands hommes qui, par la seule force de leur esprit, ont su jusqu'à un certain point pénétrer dans les secrets de la nature » (4).

Parfois, son ambition déborde et il veut remporter le prix de l'éloquence, gagner la faveur du public, recevoir des hommages flatteurs ; tout en avouant que les rhéteurs, dont il est un, sont « des vendeurs de paroles », les astrologues « des imposteurs » et les belles-lettres « des dogmes empoisonnés » : parfois son humilité s'exagère jusqu'à se décrire lui-même comme « un être infâme, hideux, difforme, couvert de fange et de plaies horribles » (5). Dans ces conditions d'esprit, il gourmande son âme.

« Cesse, lui dit-il, de courir après la vanité, et prends

---

(1) *Confessions*. Liv. VII, 7.
(2) *Ibid*. Liv. VIII, 5.
(3) *Ibid*. Liv. VIII, 8.
(4) *Ibid*. Liv. V, 3.
(5) *Ibid*. Liv. VIII, 7.

garde que le bourdonnement qu'elle élève autour de toi, ne fasse contracter à ton cœur une surdité mortelle » (1).

Augustin précise la raison d'être de son dualisme intérieur.

« Lorsque l'amour des choses éternelles nous élève dans
« le ciel, et que les fausses douceurs d'un bien périssable
« nous ramènent vers la terre, c'est une même âme qui veut
« l'un et l'autre, mais qui ne veut ni l'un ni l'autre de toute
« sa volonté: c'est ce qui fait que, placée entre ces deux biens,
« elle se sent tourmentée et déchirée, la vérité la portant à
« préférer celui-ci, l'habitude l'empêchant de se séparer de
« celui-là » (2).

Le bruyant chaos de son esprit est tel, qu'Augustin ne réussit pas à se recueillir.

« Il arrive souvent que nos prières sont troublées et in-
« terrompues par la foule de vaines pensées qui les accom-
« pagnent; et qu'au moment même où nous nous mettons en
« votre présence, élevant la voix intérieure de notre âme afin
« qu'elle parvienne jusqu'à notre Dieu, mille imaginations de
« ce genre, sortant de ne je sais où, viennent se jeter à la
« traverse et porter le désordre au milieu d'une action si
« grande et si importante... J'ai entendu dans le lointain votre
« voix qui me rappelait, et à peine l'ai-je entendue, à cause
« du tumulte de mes pensées, ces entrailles de mon âme » (3).

Ce supplice dure près de quinze ans: il le traîne partout; à Carthage qu'il nomme « le gouffre de toutes les corruptions », à Rome, à Milan: ni les prières de Monique à l'âme virile, ni les homélies de St. Ambroise, réussissent à calmer la tempête de son âme.

---

(1) *Confessions*. Liv. IV, 11.
(2) *Ibid*. Liv. X, 36.
(3) *Ibid*. Liv. X, 36; Liv. XII, 10.

Aussi, lorsque le pèlerin entre finalement dans la Cité de Dieu, il lui demande la paix.

« O mon Dieu ! donnez-moi la paix, une paix tranquille, une paix qui n'ait point de déclin » (1).

La longueur de la crise, chez St. Augustin, dérive de la place trop grande qu'il donne à la raison dans l'œuvre de la foi. Il la définit quelque part : « le regard de l'âme voyant la vérité par elle-même ». Or, c'est dépasser les bornes de la raison et empiéter sur un domaine étranger à sa nature. Une partie de la vérité échappe à la raison, dont le principe est de connaître. Le principe de la foi est de croire. On connaît le certain, le raisonnable : on croit l'incertain, l'irrationnel. St. Augustin refuse pendant la moitié de sa vie d'abdiquer le rôle de la raison ; et lorsque son orgueil d'homme est vaincu, tout en brisant l'idole, il en garde le culte. Il l'avait adorée trop longtemps pour lui lancer l'éternel anathème.

Alors même qu'il semble le plus dominé par la foi, sa pensée garde un caractère spéculatif et libre que nul autre Père de l'Eglise ne possède.

On s'étonne de le voir s'éloigner du dogme catholique pour donner aux premiers versets de la Genèse une interprétation qui s'approche de la théorie de l'évolution (2); on s'étonne encor davantage devant cette déclaration. « Pour moi,
« j'ose le dire et je le dis du fond du cœur, si j'écrivais
« quelque chose qui dût avoir une haute autorité, j'aimerais
« à l'écrire de telle sorte, que mes paroles renfermassent tout
« ce que l'on pourrait imaginer de véritable touchant les choses

---

(1) *Confessions.* Liv. XIII, 38.
(2) *De Genesi ad litteram. Confessions.* Liv. XII — FOGAZZARO. *S. Agostino e Darwin.*

« que j'aurais écrites, plutôt que d'admettre positivement un
« sens à l'exclusion de tous les autres » (1).

Ces paroles se rapportant au récit de la création que l'Eglise attribue à Moïse, il déclare simplement qu'il ne sait rien au sujet du sens que Moïse a attaché à ses paroles ; mais que si Dieu lui eut commandé d'écrire le livre de la Genèse, il aurait souhaité de s'exprimer d'une manière si admirable que, « d'un côté ceux qui n'auraient pu comprendre
« comment Dieu a créé l'univers, n'eussent pu rejeter mes
« paroles comme trop élevées au dessus d'eux ; que de l'autre,
« ceux qui le peuvent comprendre, eussent trouvé renfermées
« dans ce peu de paroles, toutes les vérités qui auraient pu
« leur venir à la pensée sur ce sujet : et que, s'il fût arrivé
« à quelque autre d'en découvrir une nouvelle, il l'eût trouvée
« renfermée encore sous ces mêmes paroles... (2).

« Votre vérité, Seigneur, n'est ni à moi, ni à tel ou tel,
« mais à tous ceux que votre voix divine appelle à la par-
« tager : quiconque ose s'attribuer en propre ce dont vous
« destinez la jouissance à tous, perd justement le droit à ce
« bien commun, car il faut qu'à travers une prodigieuse variété
« d'opinions, toutes véritables, la vérité elle-même produise
« l'union et la concorde » (3).

Est-ce que le Père de l'Eglise ne formule pas ici la théorie du libre examen ?

La tendance à la logique ainsi que l'habitude du raisonnement se montrent ailleurs encore. Dans l'être, l'intelligence, la volonté, qui forment l'homme, St. Augustin voit une image de la Trinité.

---

(1) *Confessions*. Liv. XII, 31.
(2) *Ibid*. Liv. XII, 26.
(3) *Ibid*. Liv. XII, 25-30.

« Je *suis*, je *connais*, je *veux :* je suis ce qui *connaît* et
« qui *veut ;* je connais que je *suis* et que je *veux ;* et je veux
« *être* et *connaître.* Notre existence est inséparable de ces trois
« choses, toutes les trois ne faisant ensemble qu'une même
« âme, une même vie, une même nature ; toutes les trois étant
« à la fois différentes l'une de l'autre et inséparablement
« unies » (1).

Augustin admire la faculté de la mémoire, et l'analyse qu'il fait de cette puissance dans le dixième livre de ses Confessions est, à la fois, si profonde et si complète qu'un psychologue du jour ne dirait rien de plus et de mieux.

« ... Ma mémoire reçoit dans son vaste sein un nombre
« infini de choses : chacune de ces choses y pénétrant par
« son entrée particulière, elle les dépose et les arrange dans
« ses plis et replis, si profonds et si cachés que nulle parole
« ne les pourrait exprimer ; et néanmoins ce ne sont pas les
« choses mêmes qui y entrent, mais seulement leurs images,
« introduites par mes sens... Il en est qui viennent d'elles-
« mêmes, sans aucun effort, et dans l'ordre où je les ai de-
« mandées : d'autres sont à l'écart et enfoncées dans des antres
« si profonds, que si quelque autre ne m'avertit de les en
« tirer, je n'en ai pas la pensée... Dans ces palais immenses
« de ma mémoire, où se conservent d'innombrables trésors,
« je m'efforce de rassembler les images. Dans la langue latine,
« le mot qui signifie *penser* n'est qu'un dérivé de celui qui
« veut dire *rassembler...* Les passions subsistent encore dans
« ce merveilleux dépôt, même alors que l'âme a cessé d'en
« être émue. La mémoire garde jusqu'au souvenir de l'oubli :
« comment cela est-il possible ? » (1).

---

(1) *Confessions.* Liv. XIII, 11.

St. Augustin s'épuise à sonder le mystère qui enveloppe la destinée humaine. Il doute que la naissance soit un commencement.

« Dites-moi, o mon Dieu, si mon enfance n'a point suc-
« cédé à quelque autre âge de ma vie, déjà passé quand elle
« a eu son commencement. Le temps où ma mère m'a porté
« dans son sein, est-il ce premier âge ? Et avant ce temps-là,
« étais-je quelque chose, étais-je quelque part ? » (1).

Comme Marc-Aurèle, Augustin place le fondement de la loi divine dans l'ordre.

« Toutes les choses déplacées de leur centre sont dans
« le trouble et l'agitation et ne rentrent dans le repos qu'en
« rentrant dans l'ordre. » A la façon de Marc-Aurèle, il applique ce principe d'ordre à la vie de l'organisme social.

« L'étranger ou le citoyen doit agir de telle sorte que rien
« de ce qu'il fait ne puisse troubler l'ordre que l'usage ou les
« lois ont établi chez tel peuple ou au milieu de tel pays :
« par cette raison que toute partie d'un corps, quel qu'il puisse
« être, devient vicieuse et déréglée dès qu'elle a cessé d'être
« en harmonie avec le tout auquel elle appartient » (2).

Avec les stoïciens il affirme que ce qui est dans l'ordre est bien et que le mal n'est qu'une diminution de bien ; c'est-à-dire que le mal n'a pas une réalité propre, il n'est pas positif, il ne provient que d'un manque de perfection. Mais tandis que Plotin explique le mal parce que le monde ne fait que participer à l'Intelligence divine ; Augustin affirme que le mal n'est que l'imperfection originelle et nécessaire des créatures.

Augustin a, autant que Marc-Aurèle, l'amour des lettres.

Le lendemain de sa conversion, au plus vif de l'élan re-

---

(1) *Confessions*. Liv. I, 6.
(2) *Ibid*. Liv. III, 8.

ligieux, on s'attend à le voir s'abîmer dans la lecture des Epîtres de St. Paul - qui à tant d'égards lui ressemble - : on s'attend même à ce que sa nature impétueuse condamne au feu l' « Hortensius » de Cicéron, qui l'avait jadis « embrasé « d'un incroyable amour pour la beauté immortelle de la sa- « gesse » (1). Rien de tout cela. La retraite de Cassiancianus est le triomphe de la vie de l'intelligence. Augustin, ses trois élèves, Alype et Monique occupent le matin et la veillée à raisonner sur les philosophes, parceque « philosopher, c'est aimer Dieu ».

Dans ces causeries intimes, Monique a souvent le mot juste, Alype la sensibilité des choses, Augustin la vue des rapports et le don de synthèse.

Cicéron est le maître qu'on admire, surtout dans son traité : « Des biens et des maux ». N'y avait-il pas, d'avance, épuisé les couleurs d'un tableau qui fut un des plus familiers du Christianisme ? Un richard voluptueux possède tous les biens de la terre, en plus une belle santé. Cicéron le déclare misérable en comparaison de celui qui souffre pour la vertu. Augustin fixe ce même tableau, mais il met à la portée de chacun ce qui avait été jusqu'alors un héroïsme rare. Augustin permet qu'Alype nomme divine la philosophie de Pythagore, dont lui-même adopte les maximes et le langage (2).

Platon est le maître que les hôtes de Cassiancianus n'oublient pas dans leur bonheur. N'est-ce pas à lui et à Plotin que le néophite doit d'avoir finalement saisi l'idée de l'unité de Dieu ? Ne lui a-t-il pas rendu ce brillant témoignage ?

« Tout, dans les doctrines de Platon, tend à élever les âmes vers la connaissance de Dieu et de son Verbe éternel » (3).

---

(1) *Confessions*. Liv. III, 6.
(2) VILLEMAIN. *Tableau de l'éloquence chrétienne au IVe Siècle*.
(3) *Confessions*. Liv. VIII, 2.

St. Augustin se réclama toujours de l'autorité des anciens pour ce qui se rapporte aux arguments de pure raison.

« Tel que je suis je désire m'approprier le vrai, non seu-
« lement par la foi, mais par l'intelligence; aussi ai-je l'assu-
« rance de trouver chez les platoniciens bien des choses quant
« à l'ordre de preuves qui se poursuivent par la subtilité de la
« raison, qui ne répugnent pas à nos dogmes ». En effet les rapports entre la philosophie chrétienne et la philosophie néo-platonicienne, quoique superficiels, sont évidents. Tous deux exaltent la richesse du monde intelligible sur la pauvreté du monde sensible: les deux vont à la recherche de l'absolu; les deux approchent l'homme à la divinité. Dieu est l'essence une, pure, simple de laquelle émane l'intelligence; de l'intelligence émane l'âme: celle-ci est dans le même rapport avec l'intelligence que l'intelligence l'est avec Dieu.

Telle est la triade plotinienne. Mais tandis que les trois personnes de la Trinité sont consubstantielles et coéternelles, et que le St. Esprit est le terme de l'émanation; les hypostases de la triade de Plotin sont subordonnées l'une à l'autre et l'émanation se continue dans le monde sensible par l'intermédiaire des démons.

« J'ai tourné ma pensée vers cet or des Egyptiens, parce que en quelque lieu qu'il peut être, cet or, vive image de l'éternelle sagesse, est à vous. Ce qu'il y a de bon dans les livres des philosophes, n'est donc autre chose que cet or qui est à vous » (1).

Augustin s'approcha bien souvent de la table de Platon et la nourriture substantielle qu'il y prit l'a ramené plus tard à la croyance en l'Unité et la Trinité de Dieu. La théologie

---

(1) *Confessions*. Liv. VII, 10.

chrétienne et le néo-platonisme résumaient la même aspiration vers une vie meilleure et c'était seulement dans la religion ou dans une philosophie où la religion avait sa part que l'on pouvait trouver assez de force pour supporter les misères de ce monde. « La grande affaire pour les néo-platoniciens et pour les chrétiens c'était l'affranchissement de l'âme » (1).

St. Augustin n'appartient point au nombre de ceux qui glorifient l'état d'ignorance comme la seule garantie de sainteté : pour le faire il aurait dû renier sa pensée, c'est-à-dire lui-même. Il veut au contraire que l'homme possède toutes les connaissances où apparaît la raison : langues, calcul, dialectique, éloquence, poésie, histoire, astronomie, musique et philosophie.

« C'est après avoir recueilli les enseignements de la phi-
« losophie et conçu par la pensée les nombres, puis les quan-
« tités intelligibles, c'est avec le secours de tous les arts
« libéraux que l'esprit s'approchera de l'idée de Dieu, qu'on
« ne connaît qu'en ne le comprenant pas » (2).

Et aussi après avoir enseigné à Carthage, à Milan, la rhétorique durant quinze ans, il continue d'enseigner le lendemain de sa conversion, soit à ses élèves, soit à son fils Adéodat. Poésie, éloquence, philosophie, voilà les sujets variés sur lesquels roulent les entretiens qu'il a à Cassiancianus, et les dialogues qu'il compose dans son active retraite.

« Vers ce temps là j'écrivis deux livres (Soliloques) selon
« mon goût et mon cœur pour sonder la vérité dans les cho-
« ses que je désirais le plus savoir, m'interrogeant et me ré-
« pondant à moi-même comme si nous étions deux - la raison
« et moi - bien que je fusse seul » (3).

---
(1) L. GRANDGEORGE. *St. Augustin et le néo-platonisme.* Bibliothèque de l'Ecole des Hautes-Alpes.
(2) *Traité de l'Ordre.*
(3) *Ibid.*

Quelques années plus tard, après avoir quitté à jamais l'Italie où il avait déposé les dépouilles de Monique, Augustin embellit sa retraite à Tagaste en composant les Dialogues sur la Musique, résumé des leçons qu'il donnait à son fils Adéodat.

Dans sa lourde charge d'évêque à Hippone il trouve encore le temps d'enseigner et d'écrire. Il écrit : « Le libre arbitre » où l'accord de la prescience divine avec la liberté humaine ; et de 413 à 426 il compose les vingt-deux livres de son grand œuvre : « La Cité de Dieu ». Jusqu'à la fin, St. Augustin a compris la vie comme une activité raisonnable, dont la forme plus noble est l'enseignement. Une des puissances de son génie consiste à communiquer sa pensée avec une candeur enthousiaste, avec une sensibilité passionnée, qui donnent à son style un cachet très personnel. On en est séduit à la distance de seize siècles : quelle force de séduction a dû exercer sur ses ennemis mêmes ce maître de la raison et de la foi ! Ici encore il s'approche de Marc-Aurèle, dont la suprême devise a été : « Instruire les hommes ».

Augustin est une nature aimante ; ardente dans l'affection, passionnée en amour. S'il mesure le rythme de sa pensée où la subtilité va de pair avec la profondeur, il est incapable de mesurer ses sentiments. Il les laisse s'épancher comme une lave brûlante quel que soit l'objet de leur culte. Il aime Dieu avec des transports humains et il aime Monique avec une religieuse déférence. Pour adorer il trouve des mots d'amour et pour aimer des mots de prière. Un seul foyer alimente son âme éprise de raison et son esprit imprégné de sensibilité. Avant de comprendre Dieu il aime sa créature : Monique, Adéodat, Alype ; et lorsque il a compris Dieu il aime davantage l'humanité à cause des nouveaux liens fraternels. Si Augustin n'eût possédé qu'une petite lampe elle se serait peut-être éteinte devant la foudroyante lumière d'En-Haut, il aurait maudit toutes les amours terrestres et, comme St. Antoine, le désert l'aurait reçu ; mais son âme est un brasier qui assimile les matières entassées, qui les consume, pour que la flamme monte plus haut.

La profession d'amour de St. Augustin est le premier chef-d'œuvre de la littérature chrétienne.

« Qu'aimé-je, ô mon Dieu, lorsque je vous aime ? C'est
« comme une lumière, une voix, un parfum, un aliment, et
« encore je ne sais quelle volupté que j'aime lorsque j'aime
« mon Dieu ; lumière, voix, parfum, aliment, volupté, que je
« goûte dans cette partie de moi-même, toute intérieure et in-
« visible, où brille aux yeux de mon âme une lumière que
« ne borne point l'espace, où se fait entendre une mélodie
« dont le temps ne mesure point la durée, où s'exhale un
« parfum qui ne se dissipe point dans l'air ; où je me nourris
« d'un aliment immortel que mon avidité ne peut ni diminuer
« ni détruire, où je m'attache étroitement à un objet infiniment
« aimable, sans qu'il y ait jamais satiété dans les délices dont
« m'enivre sa possession.

« Que j'ai tardé de vous aimer, ô beauté si ancienne et
« toujours nouvelle ! Que j'ai tardé de vous aimer !... Vous
« avez appelé, vous avez crié et mes oreilles se sont ouvertes
« à votre voix ; vous avez lancé les rayons de votre lumière,
« et mes yeux aveuglés sont devenus clairvoyants ; vous avez
« exhalé l'odeur de vos parfums ; je les ai respirés et main-
« tenant je ne soupire qu'après vous ; je vous ai goûtés et je
« n'ai soif que de vous, et vous seul pouvez apaiser la faim
« qui me dévore. Vous m'avez touché et je me suis senti tout
« embrasé d'ardeur pour votre paix éternelle... Celui-là a
« moins d'amour pour vous, qui aime avec vous quelque
« chose qu'il n'aime point pour l'amour de vous (1).

(1) *Confessions.* X, 6-27-28.

« Source de la beauté qui est au dessus de nos âmes et
« vers laquelle nuit et jour soupire mon âme, que vos Ecri-
« tures soient mes chastes délices! Une seule de vos paroles
« je la préfère à toutes les voluptés de la terre. Donnez-moi
« ce que j'aime, car j'aime, ô mon Dieu! et c'est à vous que
« je suis redevable d'aimer (1).

« Donnez-moi ce que j'aime, l'intelligence des choses,
« puisque j'ai entrepris de connaître et que je suis résigné à
« tous les travaux, à toutes les recherches!... O mon Dieu,
« mon amour, rendez mon âme belle à vos yeux, car elle se
« dissipe et perd ici-bas sa beauté! (2). Donnez-vous donc à
« moi, ô mon Dieu! Je vous aime! Que mon âme s'élance
« dans vos saints embrassements! »

St. Augustin aime en Dieu la sagesse et la vérité.

« O Vérité, lumière de mon cœur, vous présidez à toutes
« choses, vous vous élevez au-dessus de toutes choses: moi
« j'étais avare au point de vouloir ne pas vous perdre et
« posséder en même temps le mensonge. C'est pourquoi je
« vous avais perdu, car vous ne souffrez pas qu'on vous
« possède et le mensonge avec vous... (3).

« Quelle est cette lumière qui luit par intervalles, qui
« frappe mon cœur sans le blesser, qui me fait trembler et
« qui m'embrase en même temps: qui me fait trembler quand
« je vois combien je suis loin de lui ressembler, et qui m'em-
« brase quand je considère combien je lui suis semblable?
« C'est la Sagesse, oui l'éternelle Sagesse... (4) le bien dont
« non seulement la possession, mais la simple recherche est

---

(1) *Confessions.* Liv. XI, 2-22.
(2) *Ibid.* Liv. XIII, 9.
(3) *Ibid.* Liv. X, 13.
(4) *Ibid.* Liv. XI, 9.

« préférable à tous les trésors, à toutes les couronnes, à toutes
« les voluptés de la terre » (1).

L'affection qu'il voua à sa mère pendant les longues
années de son égarement et celles qui suivirent son retour à
Dieu, a un parfum religieux qu'Augustin recèle dans les replis
de son âme.

Il ne le livre que rarement. « Ma mère, à qui sa pitié
« donnait une grande force d'âme, me portait dans le fond de
« sa pensée, ainsi que dans un cercueil... » (2). « Ma mère
« était avec nous - à Cassiancianus - sous l'apparente fai-
« blesse de son sexe possédant un cœur mâle et inébranlable
« dans sa foi, ayant une grande sérénité d'âme, une affection
« toute maternelle, une piété vraiment chrétienne » (3). Voilà
à peu près ce que les Confessions nous en disent.

Monique eut réellement une âme élevée. Ce n'est pas par
ses larmes et la continuité de ses prières à Dieu qu'elle en
impose, c'est par les œuvres de sa foi agissante. Elle se rend
chaque jour au temple où elle porte son offrande ; elle est
douce à l'orphelin, charitable au pécheur : c'est la vaillance
de sa foi qui anime les matelots apeurés par la tempête qu'ils
essuyent de Carthage à Ostie ; c'est la même vaillance qui sou-
tient l'ardeur d'Ambroise. Elle prie, mais elle agit : le Dieu
d'amour « aurait-il dédaigné le cœur brisé et humilié d'une
« veuve chaste, sévère dans ses mœurs, inébranlable dans son
« dévouement maternel » ? (4). - Même lorsque les affres de la mort
la surprennent en voyage, sa force ne succombe pas. Appuyée
avec Augustin à une fenêtre d'où la vue s'étendait sur un jardin
et sur l'azur du ciel, leur pensée unique s'abîme dans une

---

(1) *Confessions*. Liv. VIII, 7.
(2) *Ibid*. Liv. VI, 1.
(3) *Ibid*. Liv. IX, 4.
(4) *Ibid*. Liv. V, 9.

contemplation ineffable, par de là les images de l'œuvre divine. Leur âme touche le ciel; elle goûte un instant la joie suprême de la « pure intelligence ».

C'est dans ce geste que Monique et Augustin ont passé à travers les siècles. Et lorsque la postérité évoquera, comme nous, le souvenir du glorieux Père de l'Eglise, c'est dans les bras de sa mère qu'elle le placera, dans la sainte extase, qu'on appelle la communion des âmes. Monique est la première mère chrétienne dont il nous reste le souvenir précis et la véritable image. J'aime à croire que sa présence au sein de l'Eglise primitive a la grâce et la force d'un symbole; elle personnifie la grande œuvre du Christianisme: l'élévation de la femme dans la maternité.

Augustin a le culte de l'amitié qui contribue à rendre cette vie bonne à vivre. - « L'amitié est un lien dont tous les hom-
« mes goûtent la douceur. Les rapports si doux de l'amitié
« me charmaient: rire et causer ensemble, se donner des témoi-
« gnages d'égards mutuels et d'une mutuelle affection, faire en
« commun d'agréables lectures, s'associer encore dans ses ré-
« créations, se contredire quelquefois les uns les autres sans
« aigreur, comme on pourrait le faire en disputant avec soi-
« même, et comme si l'on voulait relever par le sel de ces
« contestations légères, le plaisir que l'on éprouve à se trou-
« ver presque toujours du même avis; apprendre tour à tour
« quelque chose les uns des autres; ceux que l'on ne voyait
« point, regretter leur absence, et ceux que l'on attendait, goûter
« la joie de les revoir. De toutes ces marques d'une bien-
« veillance réciproque que le cœur exprime par la bouche,
« par les yeux et de mille autres manières pleines de charmes,
« il se fait comme un feu qui amollit les âmes et de plusieurs
« semble ne faire qu'une âme seule » (1).

---
(1) *Confesssions*. Liv. IV, 8.

Lorsque la mort lui enlève un de ses condisciples âgé de 17 ans, Augustin passe par de si vives souffrances qu'il est obligé de quitter les lieux où il avait eu la douce coutume de le voir et de Tagaste il retourne à Carthage.

« Je pleurais, je gémissais, toujours troublé, toujours agité
« sans un seul moment de repos et hors d'état de former la
« moindre résolution. Mon cœur déchiré et pour ainsi dire
« tout saignant de sa blessure, semblait souffrir de demeurer
« en moi-même et devenait pour moi comme un fardeau dont
« je ne savais comment me soulager. Rien n'avait plus aucun
« charme pour lui, ni l'ombrage des bois, ni les jeux et les
« chants, ni les parfums les plus agréables, ni les festins les
« plus magnifiques, ni ce que la volupté a de séductions plus
« enivrantes, ni ces plaisirs plus délicats que l'on trouve dans
« les lettres et dans la poésie. Tout lui était devenu insup-
« portable, jusqu'à la lumière du jour, tout enfin ce qui n'était
« point celui qu'il avait perdu ! » (1).

Marc Aurèle sentit l'amitié avec la même intensité. Le point sur lequel ces deux esprits qui furent éminemment humains se fusionnent pour n'en former qu'un seul, c'est le bonheur. Comment l'âme douée de la raison recherche-t-elle le bonheur connu de tous les hommes puisqu'il est l'unique aspiration universelle ? « S'il était possible que, par un seul mot
« intelligible à tous, on demandât à tous s'ils désirent être
« heureux, tous répondraient sans hésiter qu'ils le veulent » (2).
Que faire pour acquérir le bonheur pendant cette étape qui s'écoule du moment où l'homme a une âme au moment où il la rend ? Marc Aurèle nous assure qu'il faut très peu de chose pour faire une vie heureuse (3). Il suffit d'avoir une

---

(1) *Confessions*. Liv. IV, 7.
(2) *Ibid.*
(3) *Pensées*. Liv. VII, 67.

activité raisonnable, ce qui à ses yeux signifie porter un amour constant à la vérité et éteindre tout autre désir. Où il y a le désir il n'y a pas la paix ; or la paix est le seul fondement du bonheur. Le désir, quel qu'il soit, est d'ailleurs nuisible à l'amour pour la vérité. Il entrave la recherche, il refroidit l'ardeur, il détourne l'esprit de l'homme du seul chemin utile à suivre. Le désir donne la fièvre à l'âme ; l'âme n'aperçoit la vérité quelors qu'elle est calme. Aussi Marc-Aurèle ne cesse-t-il de le répéter: « Eteinds le désir ». Il arriva à ne plus palpiter que pour la vérité éternelle et à dire du fond de son cœur : « Pour moi, relégué n'importe où, je serais homme heureux ».

Augustin reprend la théorie de Marc-Aurèle pour la confirmer. Le païen et le chrétien définissent le bonheur avec les mêmes mots. « La vie heureuse n'est autre chose que la joie « que donne la vérité. Tous la désirent cette vie heureuse, « parce qu'elle seule est le vrai bonheur et tous veulent aussi « cette joie qui ne se trouve que dans la vérité » (1).

Augustin, à son tour, est arrivé « à ne rien désirer » (2) pour que son âme soit dans l'état propice à la vérité. Or si le bonheur est dans la recherche de la vérité, le malheur est dans l'égarement. Le malheureux n'est tel que parce qu'il vit dans les ténèbres : l'homme heureux vit dans la lumière : le premier, qui vit hors de lui, souffre du contre-coup de toutes les vicissitudes humaines, le second qui vit en lui-même, est toujours à l'abri.

St. Augustin surpasse Marc-Aurèle par le fait qu'il creuse davantage. Il est plus subtil et plus complexe que l'empereur. Et puisque l'Eglise n'a pas encore inventé l'Index, il nous expose l'analyse que voici:

---

(1) *Confessions*. Liv. X, 23.
(2) *Ibib*. Liv. X, 13.

« Où les hommes ont-ils connu cette vie heureuse que
« tous désirent sans en excepter un seul ? Pour l'aimer comme
« ils le font où l'ont-ils vue ? Il faut sans doute que cette
« vie soit en nous d'une manière que je ne puis expliquer :
« cette idée du bonheur existe-t-elle dans notre mémoire ? Si
« elle existe, il faudrait supposer que dans un temps qui a
« précédé celui où nous vivons, nous avons été parfaitement
« heureux. Comment l'étions-nous ? Etait-ce chacun en parti-
« culier, ou tous en général dans ce premier homme qui a été
« le premier pécheur ? La vie heureuse est dans notre mé-
« moire car si elle nous était inconnue il nous serait impos-
« sible de l'aimer : et si les hommes n'avaient pas une con-
« naissance très certaine de ce bonheur ils ne s'accorderaient
« pas dans une aussi ferme volonté... (1). J'ai rencontré beau-
« coup d'hommes qui voulaient tromper les autres ; je n'en ai
« vu aucun qui voulût être trompé : où donc ont-ils pu avoir
« la connaissance si ce n'est là même où ils ont connu la vé-
« rité ? Car ils aiment la vérité puisqu'ils ne veulent pas être
« trompés : ils l'aiment encore lorsqu'ils désirent la vie heu-
« reuse qui n'est autre chose que la joie qui se trouve dans
« la vérité ; et sans doute ils ne l'aimeraient pas si leur mé-
« moire ne s'en retraçait en effet quelque idée » (2).

Un dernier trait qui rapproche Augustin de Marc-Aurèle
c'est le patriotisme. Lorsque Renan (3) affirme que l'Evangile
forme des fidèles, non des citoyens et que désormais les
hommes se rangeront d'après leur culte non d'après leur patrie ;
qu'ils se diviseront sur des hérésies non sur des questions
de nationalité, il oublie de faire une exception. Augustin ne

---

(1) *Confessions.* Liv. X, 20.
(2) *Confessions.* Liv. X, 23.
(3) *Origines du Christianisme.* Tome VII, 32.

tue pas le patriote dans le chrétien, surtout il ne le tue pas dans l'évêque.

Lorsque les Vandales, conduits par Alaric, envahissent l'Afrique pour détruire cette citadelle avancée de Rome, l'évêque d'Hippone ne quitte pas son poste.

La résistence héroïque que la ville oppose aux barbares est due à l'énergie d'Augustin. Il organise la défense, il ranime pendant quatre mois les habitants qui soutiennent le siège gagnés par l'éloquence de son cœur aimant. Il sait toutefois qu'Alaric sera le vainqueur. Alors il demande à Dieu une grâce suprême, celle de mourir avant qu'Hippone ne succombe. Dieu l'exauce. Il passe doucement au milieu des sanglots d'un peuple voué à la mort, et des cris de guerre des Vandales.

N'est-ce pas une fin digne d'un patriote antique ? Marc-Aurèle ne l'eut pas dédaignée.